EL PERSONAJE FEMENINO EN LA NARRATIVA
DE ESCRITORAS HISPANOAMERICANAS

WILLY O. MUÑOZ
Kent State University

El personaje femenino en la narrativa de escritoras hispanoamericanas

EDITORIAL PLIEGOS
MADRID

® Willy O. Muñoz
® Editorial Pliegos
I.S.B.N.: 84-86214-84-X
Depósito Legal: M-3209-1992

Colección Pliegos de Ensayo
Diseño: Andras
EDITORIAL PLIEGOS
Gobernador, 29, 4.º A
28014 Madrid - España

Printed in Spain
Fotocomposición: avalon
Impresión: Coopegraf

INDICE

INTRODUCCION

Para ti, Chelita, con cariño...

AGRADECIMIENTOS

Varias personas amigas contribuyeron a que este proyecto llegara a feliz conclusión. En especial quisiera expresar mi profunda gratitud a Patricia Rubio-Lértora y a Sharon Magnarelli por su atenta lectura del manuscrito y sus valiosas sugerencias. El seminario de verano de la NEH sobre el tema de la metaficción dirigido por John Kromik contribuyó a incrementar mis conocimientos en el vasto campo de la teoría literaria, lo cual me llevó a formular algunos capítulos de este libro. También quiero expresar mis agradecimientos a Gene Wenninger, decano de Research and Sponsored Programs de Kent State University por proporcionarme los medios y el tiempo para realizar la investigación de este libro, y a Doris Y. Kadish, "chairperson" de mi Departament of Romance Languages and Literatures, por otorgarme otra licencia para terminar de escribir el manuscrito. Vaya asimismo mi reconocimiento y cariño para mi hermana Mirtha por su acertada ayuda en la corrección de las pruebas de galera.

El capítulo sobre *Cambio de armas* aparecerá en *Modern Language Studies* y la versión en inglés del estudio sobre *Celina o los gatos* será incorporada en un libro sobre metaficción en el mundo hispánico que edita Salvador Fajardo. Agradezco a dichos editores el permiso para reimprimir los citados estudios en este libro.

INTRODUCCIÓN

La revisión de los discursos de la cultura revela que el hombre y la mujer no han sido codificados en igualdad de condiciones. Puesto que el hombre ha tenido acceso exclusivo a la práctica del discurso, en los textos que ha escrito, éste no le ha dado igual valor a sus experiencias y a las de la mujer. En su discurso, el varón cumple la función de sujeto del discurso y ocupa un lugar de privilegio. Como consecuencia de dicha posición hegemónica, se arroga la razón (que él mismo construye) y se reserva para sí la potestad de la acción. Por otra parte, el mismo discurso le sirve al hombre para hacer de la mujer el objeto de la escritura, fabricación lingüística en la que ella es relegada a los espacios periféricos, donde se la caracteriza como un ser intuitivo, pasivo, destinado a internalizar un espíritu de sacrificio y abnegación. En otras palabras, la mujer ha sido sentenciada a ocupar el espacio degradado del Otro. Este discurso, al ser internalizado tanto por el hombre como por la mujer, llega a ser la causa principal del sistema asimétrico de socialización, proceso por medio del cual la mujer llega al extremo de negarse a sí misma, de ignorar sus propias exigencias corporales. Cuando se codifica esta desigualdad fabricada, la mujer es representada inauténticamente, razón por la cual cuando ella revisa el discurso falocéntrico, no se encuentra en el logos masculino, o se halla deformada, contrahecha, para satisfacer los intereses del monoproductor del discurso.

Si la mujer ha sido objeto de una falseada representación lingüística, nos preguntamos, ¿cuál ha sido su verdadera experiencia? ¿con qué debe llenarse el vacío producido por el silencio tras el cual ha desaparecido la historia de la mujer? y sobre todo ¿cómo debe ser codificada la trayectoria vital de la mujer? Desde su inicio la crítica feminista ha establecido que la mujer tiene una conciencia propia, y por lo tanto precisa de un estilo apropiado de representación. Por ejemplo, Josephine Donovan concluye que las escritoras inglesas de fines del siglo XIX y principios del XX han hecho uso del monólogo interior, estilo que presta atención a los detalles de la vida psíquica, personal, "interior" de los personajes femeninos (1972, 343-46). Virginia Woolf, que utiliza este estilo, influye en un gran número de escritoras latinoamericanas desde principios de siglo, tales como María Luisa de Bombal, en cuyos textos también se nota el predominio de la interioridad (Guerra-Cunningham 1980, 23).[1]

Puesto que la experiencia de la mujer se redujo a sus actividades dentro de los confines del hogar, donde fue inscrita por el sistema falocrático, la temática de su discurso también tuvo que circunscribirse a la geografía doméstica. O sea que inicialmente la mujer escribe de temas tangenciales a los intereses del varón ya que no refleja los valores de la cultura androcéntrica. Desde su posición axial el hombre construye un discurso que en la praxis está diseñado para perpetuar su hegemonía. Dicho discurso, transmisor de un poderoso sistema falocrático, es internalizado tanto por hombres como por mujeres, los consumidores de dicho mensaje discursivo. Con mucha razón Cesare Segre sostiene que "the literary message is not only a linguistic communication but also a transmission of states of mind, of ideals, and of judgements about the world" (273). El discurso construido por el hombre pri-

---

[1] Las escritoras que hemos escogido para este estudio en sus entrevistas afirman haber leído a Virginia Woolf, quien junto a Sor Juan Inés de la Cruz se han convertido en las grandes precursoras de la narrativa feminista hispanoamericana.

vilegia aquellos aspectos de la realidad que contribuyen al avance de sus intereses, los que por lo general van en detrimento de la mujer. Esta, como lectora de dicho discurso, en palabras de Annette Kolodny, no lee textos sino paradigmas, modelos de conducta y socialización falocéntricos (1980, 10-4).

Como primera medida, entonces, las escritoras han tenido que subvertir la política del lenguaje, socavar la autoridad falogocéntrica[2], reestructurar el canon que entronizaba al hombre, para así codificar un mensaje diferente, uno que refleje armónicamente su realidad. Para lograr este propósito, las escritoras mismas tuvieron que vencer los pudores que el patriarcado les había inculcado, rescatar sus propios cuerpos antes de escribir, puesto que, como Helena Araújo sostiene, "la represión en el discurso tiene mucho que ver con la represión de las pasiones y la libido" (23). En una y otra entrevista las escritoras indican que ellas empezaron a escribir respondiendo a una imperiosa necesidad de sobrevivencia (Levine, 190), necesidad motivada por odios y venganzas, por un afán de destruir la realidad para volver a reconstruirla (Ferré 1982, 37-8). Marjorie Agosín señala que Rosario Castellanos empezó a escribir cuando ella un día, de adolescente, se inclinó ante el espejo y vió que no había nadie. El espejo, metafóricamente, no refleja la imagen auténtica de la mujer, sino la figura construida por las espectativas culturales patriarcales, reflejo en el que la verdadera imagen de la mujer está ausente. De allí nace su necesidad y deseo de llenar con palabras el vacío del espejo para completarse, para traducirse a sí misma (Agosín 1984, 221).

La mujer, al tomar la pluma para escribirse, empezó por inventarse una identidad, esto en vista de que el concepto mismo de identidad es un reflejo falogocéntrico. Para fabricarse una

---

[2] Toril Moi dice que el falocentrismo es un sistema que considera el falo como el símbolo o el origen del poder. La conjugación del logocentrismo con el falocentrismo se llama, siguiendo a Derrida, falogocentrismo (179), o falologocentrismo, como aparece en otros textos. He optado por utilizar el primer término.

identidad que esté más cerca de su realidad, la mujer sintió la
necesidad de revalorizar el espacio tangencial donde había
existido y así reivindica el espacio doméstico, el escenario de
sus experiencias[3]. Al escribir de estas experiencias, encuentra
un significado donde antes se pensaba existía sólo un vacío.
Sin embargo, no sólo se trata de conseguir una reversión de valores, sino que para la mujer, el escribir es ya en sí un acto revolucionario, puesto que según la tradición Freud/Lacan, la
mujer esencialmente se encuentra fuera de lo Simbólico, o sea
desprovista de lenguaje. Dadas estas circunstancias, la mujer
confronta el dilema de no sólo *qué* escribir sino también *cómo*
escribir, puesto que la experiencia femenina ha sido tradicionalmente percibida como carente de valor y el sistema discursivo necesario para inscribirse en la historia es precisamente
el medio a través del cual ella ha sido alienada.

Luce Irigaray señala que para desbaratar la posición de dominio del lenguaje falocéntrico, la mujer precisa forjar una
apertura en la textura del discurso filosófico para sacar de ella
el significado que le corresponde a la mujer y examinar al
mismo tiempo dicho discurso con el fin de exponer su gra-
mática exclusivista, sus configuraciones imaginarias y sobre
todo para llamar la atención a lo que ese discurso no articula, a

---

[3] En la introducción que Sara Sefchovich escribe para Mujeres en el espejo, sostiene que históricamente la mayoría de las mujeres han escrito
"una literatura de señoritas" (18) que se caracteriza por su falta de complejidad, por un lenguaje llano, de escasa innovación formal y mínima experimentación. Puesto que esta literatura no trata de temas trascendentales,
como el hambre, la metafísica, la duda existencial, o el mundo por des-
cubrirse y nombrarse, sino de lo cotidiano, su lenguaje y estructura se adap-
tan a lo que tiene que decir la mujer (16-8). Espero que la sofisticación de
las estrategias empleadas en los textos que analizo desmienta las anteriores
conclusiones. Por otra parte, en su inteligente ensayo sobre la narrativa femenina latinoamericana, Helena Araujo sugiere convincentemente que los
celebrados escritores del "boom" tienen su par en las escritoras latinoamericanas, quienes repetidas veces influyeron sobre los anteriores. La
diferencia entre unas y otros no radica en la calidad de sus respectivas
creaciones, sino en el hecho de que estos últimos fueron difundidos y
estudiados, mientras que las escritoras siguen siendo ignoradas por la crítica y desconocidas por el grueso de los lectores (31-3). Cabe anotar que
en los últimos años esta desigualdad está siendo superada.

sus silencios (1985, 74-75). Bien puede decirse que en los espacios e intersticios del discurso patriarcal se encuentra la experiencia de la mujer que debe ser recontextualizada en escritos feministas, los que requieren ser descifrados a través de una lectura ginocrítica[4]. Vale decir, como la mujer no ha tenido acceso al poder creativo de la palabra, su realidad inicialmente tiene que ser extraída de los textos falocéntricos, los que deben ser sometidos a una lectura revisionista/reversionista.

La lectura de textos falocéntricos no debe ser utilizada para definir la identidad de la mujer, sino para poner en evidencia los códigos culturales que el aparato falocrático ha construido para oprimirla. En estos textos la mujer aparece como víctima de un sistema injusto, como un grupo mudo que no puede siquiera disponer de su propio cuerpo. Ella ha sido desfigurada por mitos y estereotipos que la idealizan o hacen de ella un monstruo que así como da la vida está presta a quitarla. En este sentido, Beth Miller concluye que en la tradición hispánica, desde los primeros intentos literarios, la mujer ha sido caracterizada de acuerdo a un limitado número de estereotipos. "These are generally dichotomized, in moral terms, as either 'good' or 'bad', icons worthy of veneration or more sexual fallen idols deserving of ridicule and contempt" (1983, 8). Todas estas manifestaciones discursivas forman parte de una misoginia generalizada cuya consecuencia se hace notoria en la falta de personajes femeninos auténticos. Esta clase de caracterización no sólo conduce a distorsionar la verdadera identidad de la mujer, sino que simultáneamente nos distrae e impide a que tomemos conciencia de la verdadera condición social de la mujer. (Register 3-8)

Paralelamente al examen de los textos falocéntricos para poner de relieve los prejuicios sexistas, la crítica ginocéntrica vuelve sus ojos al pasado para descubrir y valorar los escritos de las mujeres y de esta manera redefinir el signo mujer con el fin de establecer una estética femenina (Mora 1982, 3-5). La

---

[4] Elaine Showalter adopta el término ginocrítica, que proviene del francés gynocritique, para designar el discurso especializado que estudia la psicodinámica de la creatividad femenina, la lingüística y los problemas del lenguaje femenino, la trayectoria individual o colectiva de las escritoras, así como la historia de la literatura, entre otras disciplinas (1979, 25).

revisión de este pasado revela que la mujer no tuvo la oportunidad de contar su historia, de construir su propia tradición. En las pocas instancias que tuvo acceso a la palabra, la mujer se vió forzada a imitar, a hacer una mímica del falogocentrismo e inclusive, a veces, a escribir bajo un seudónimo masculino para poder publicar. En estas ocasiones, el discurso de la mujer refleja los patrones dominantes de la cultura androcéntrica por medio de un lenguaje falocéntrico que sólo le permite eufemismos y circunloquios, discurso con el que la mujer se inscribe en la cultura como subyugada ya que no rompe con la estructura especular falogocéntrica. Como consecuencia, la mujer no se codifica auténticamente; así, Lucía Guerra-Cunningham concluye que estas mujeres "were not only figures in disguise but also skillful ventriloquists who made of heteroglossia an act of transvestism" (1990, 7).

Sin embargo, en los últimos años se ha notado una proliferación de un discurso revisionista por naturaleza, actividad que la poeta Adrienne Rich describe como "the act of looking back, of seeing with fresh eyes, of entering an old text from a new critical direction" (1972, 18). Dicha lectura, por una parte, está destinada a desfamiliarizar a los lectores, a establecer un renovado proceso de lectura que descentralice al varón del axis interpretativo tradicional para volver los ojos sobre la trayectoria vital de la mujer. Por otra parte, esta clase de lectura hace obvia la función ideológica del discurso. Al desentrañarse la ideología del discurso se hace explícita la relación que existe entre el discurso y el contexto en el que es producido y consumido. De esta manera se expone la naturaleza opresiva del discurso falocéntrico, su intención de moldear la realidad de acuerdo a los intereses del hombre. Una de las conclusiones a la que se llega al revisar el pasado es que el concepto de historia literaria y su canon interpretativo no son mecanismos eficientes que permiten una comprensión cabal del pasado, sino que ayudan a comprender mejor el presente, a explicar el porqué de la situación de la mujer hoy en día.

De un tiempo a esta parte, las escritoras intentan rescatar la tradición de la mujer para definir su identidad, para establecer las diferencias sociales que hicieron posible dicha alteridad. Para inscribir estas diferencias, ellas colorean el lenguaje con el fin de codificar su propia realidad en textos que se fundan en la autoridad de su propia experiencia, que transmiten la voz feminocéntrica que emerge desde las texturas interiores de sus propios cuerpos. De la misma manera, la ginocrítica está en proceso de crear un nuevo sistema teórico que refleje a la mujer sin delimitarla en prematuros parámetros discursivos. Dicha teoría está destinada a renovar el canon interpretativo de modo que la mujer tenga un cuarto propio en el edificio de la cultura. Por otra parte, la revisión de la tradición y la reversión de los patrones culturales androcéntricos contribuyen a que la mujer llegue a conocerse a sí misma, conocimiento que la faculta para codificar su verdadera tradición, para inscribirse en la historia.

Por otra parte, la literatura feminista contribuye a la renovación del arte literario al enriquecerlo con una serie de temas feminocéntricos, los que deconstruyen la temática androcéntrica, desfamiliarizan los hábitos de lectura y cuestionan la ideología del lenguaje y la teoría que la sustenta. En palabras de Gabriela Mora, estas escritoras "han traído a la luz, según los cánones literarios del día, nuevas formas de examinar las viejas fundaciones culturales que vienen imponiendo por siglos una situación de desventaja para la mujer" (1982, 171).

De la cita anterior, típica de la crítica feminista, se deduce que la literatura está íntimamente relacionada con los vaivenes de la sociedad, posición que va en contra de los postulados teóricos posmodernistas. En esta época posmoderna, que propone restablecer al objeto su calidad de inaccesibilidad debido a la incapacidad de los medios de representación de plasmar la realidad (Bertens 19), la literatura feminista intenta situar la realidad y el discurso que la codifica en una relación sintagmática, en una continuidad que relacione al texto con su contexto de manera que el lenguaje legitimice el orden social. O sea que la literatura feminista pretende subvertir el canon teórico posmodernista que dice que a causa del divorcio entre el sujeto y el objeto, entre el discurso y su referente, la única realidad que queda es la expresión lingüística, la cual debido a su naturaleza autorreflexiva está privada de todo fundamento ontológico. Para la crítica feminista, la problemática que se trata discursivamente no se deconstruye dentro de los límites textuales, sino que la escritura refleja los valores de la cultura, a la vez que recontextualiza los cambios de la realidad sociocultural. Es más, la escritura misma llega a ser la dinámica que promueve los cambios sociales. La literatura feminista, pues, busca a la par la renovación de los cánones literarios y la apertura de un nuevo orden jerárquico social. Puesto que, según la crítica feminista, no se puede separar la vida de la literatura[5], el discurso ginocéntrico aspira a convertirse en un medio de concienciación de los miembros de la sociedad[6]. En este sentido, la literatura feminista representa un intento serio por cambiar el orden de la sociedad de manera que la mujer así como el hombre tengan igual acceso a los beneficios de la cultura.

Hemos escogido cinco textos de escritoras hispanoamericanas para ilustrar la trayectoria de la marginalización cultural del personaje femenino, desde su exclusión del discurso hasta la posesión del logos, economía que la habilita para codificar su propia realidad inscribiéndose en la historia. Consideramos la travesía de los personajes femeninos de las obras que analizamos como el posible camino por el que transitaron las mujeres latinoamericanas en su bús-

---

[5] Josephine Donovan explícitamente señala que "we [las teóricas del feminismo] do not believe that one can separate literature from life any more than we believe that a critic can separate her/himself from her/his social, cultural and personal identity" (1975,80).

[6] Con este propósito Marcia Holly concluye que, "Accurate criticism, then, must follow what is called 'consciousness-rising'. That is, in order to recognize sexual stereotyping and authenticity in a literary work, we must first bring to a conscious level our own fundamental and perhaps erroneous beliefs about the nature, character, and destiny of women" (40).

queda de un sistema escritural capaz de transmitir su historia. O sea que tratamos de establecer que la realidad y la ficción están relacionadas sintagmáticamente. A propósito de dicha continuidad, Foucault sostiene que la escritura es un acto controlado por un número de procedimientos, control que empieza con la selección del tema y termina con la distribución del producto discursivo. Por otra parte, no se puede escribir absolutamente todo, puesto que la escritura misma está sujeta a una serie de prohibiciones vinculadas con el deseo y el poder (1972, 126). El control que el poder hegemónico trata de ejercer sobre la escritura tiene lugar tanto a nivel del contenido de la ficción como en el contexto donde es producido y consumido. Puesto que el texto y el contexto entran en una relación dialógica, Edward W. Said considera la ficción como una situación discursiva que relaciona a un emisor con su audiencia: "The designed interplay between speech and reception, between verbality and textuality, is the text's situation, its placing of itself in the world" (40, el énfasis es del autor). Como la ficción es un acto cultural que tiene lugar en la dinámica social, ésta deviene un factor que puede alterar el curso de la sociedad. En este sentido, la aventura de la adquisición de la escritura por los personajes femeninos en los textos que hemos escogido, en algunos casos sirve como ejemplo pionero, y en otros casos refleja la experiencia de las mujeres que habitan en las diferentes regiones de Latinoamérica.

No es nuestra intención asumir que éste es el único camino que ha seguido el personaje femenino en su trayectoria de superación de su deficiencia ontológica, sino que nuestro acercamiento representa una opción entre muchas otras. Tampoco pretendemos que nuestras conclusiones respecto a cada texto sean representativas de la totalidad de la narrativa de cada una de las escritoras en cuestión. Si hemos prestado sólo tangencial importancia a las escritoras, ha sido porque nuestro propósito es seguir la trayectoria de los personajes femeninos en su aventura por adquirir la escritura para definir auténticamente el signo mujer.

En el capítulo inicial, Julieta Campos, al parodiar el proceso de la escritura falocéntrica, ilustra el proceso utilizado

por el hombre para relegar la experiencia de la mujer al olvido. En *Celina o los gatos* el narrador masculino se propone
escribir de su mujer para explicar por qué ella se suicidó. Sin
embargo, a medida que progresa la narración, ésta trata
menos y menos del personaje femenino y más y más del narrador. De manera que el discurso se convierte en un mecanismo que refleja exclusivamente la realidad del hombre, el
productor del discurso. Como el personaje femenino no
tiene acceso a la palabra escrita, al ser codificado como el
Otro, su verdadera historia no es fielmente reproducida. Esta
inautenticidad se ve complicada porque el discurso falogocéntrico, al tratar de caracterizar a la mujer, la representa
por medio de monstruosas figuras mitológicas, las que corresponden más a los temores del hombre que escribe que a
la realidad de la mujer, objeto de la escritura.

Rosario Castellanos, en *Los convidados de agosto*, presenta
el tema de la soltería de la mujer como un estado social desvalorizado en una sociedad que considera el papel de esposa
y madre como las únicas alternativas existenciales de la
mujer. Emelina no tiene la libertad para disponer de su propio cuerpo, ni para elegir su propio destino. Los personajes
masculinos, sin embargo, siguiendo los dictámenes del machismo, satisfacen sus urgencias sexuales con las mujeres de
las clases sociales más bajas[7]. Emelina resuelve no esperar pasivamente, sino que busca la oportunidad para que un hombre la despose. Como sus acciones van en contra del consenso patriarcal que rige en su sociedad, este personaje sufre
el rechazo de toda su comunidad[8].

Si bien Julieta Campos ofrece un inteligente paradigma de
lectura revisionista del discurso falocéntrico, el personaje fe

---

[7] Evelyn P. Stevens anota que el término machismo es usado para designar el culto de la virilidad, cuyas características principales son la "agresividad e intransigencias exageradas en las relaciones de hombre a hombre,
y arrogancia y agresión sexual en las relaciones de hombre a mujer (122).

[8] En mi artículo *"Los convidados de agosto:* Acercamiento a un texto posible," especulo sobre la suerte que le espera a Emelina después que se la
encierra en su casa por haber infringido el orden social establecido.

menino es codificado de acuerdo a códigos culturales androcéntricos internalizados, como es también el caso del personaje del texto de Castellanos. Como consecuencia, la primera se deja morir pasivamente, víctima de una enfermedad psicosomática, y la segunda sufre una soltería que considera vergonzosa. En ambos casos los personajes no disponen de un lenguaje que las libere de su prisión doméstica, escenario de su opresión, testigo de su silencio y de su frustración sexual. Aunque estos textos ilustran las consecuencias de la falocracia, la reiteración discursiva de mujeres desvalidas y victimizadas prolonga su falta de poder e inautenticidad como personajes, a la par que el discurso mismo reproduce especularmente el orden falocéntrico. Por consiguiente, consideramos que el valor de tal economía discursiva radica mayormente en lo que no se ha podido articular, en sus silencios y ausencias.

En el tercer capítulo analizamos La bella durmiente, de Rosario Ferré, texto que recontextualiza tanto el sistema prescriptivo de los cuentos de hadas como los libretos de ballet. Tal recontextualización parodia las epístolas y las reseñas sociales de periódico con el fin de mostrar los prejuicios sexistas del propio discurso. Los textos parodiados basan su dinámica en la pasividad del personaje femenino, en su sumisión a la autoridad paterna y conciben el matrimonio como un estado que tiene un feliz desenlace, contrato que en realidad representa la comercialización de la hija entre el padre y el futuro esposo. María de los Angeles trata de escapar de esta prisión discursiva para seguir sus propias inclinaciones artísticas de hacerse una bailarina profesional, pero acaba sus días asesinada por su celoso marido. Al ser enterrada con su vestido de ballet de La Bella Durmiente, el falogocentrismo reincorpora a esta mujer al orden patriarcal al reificar una vez más el mito engañoso de la felicidad, conformidad e inocencia de la mujer dentro del matrimonio. De esta manera nuevamente se trata de relegar al olvido la lucha a muerte del personaje femenino por liberarse de las limitaciones ontológicas que el sistema falogocéntrico le impone.

Como el título lo indica, *Cambio de armas* de Luisa

Valenzuela representa un cambio de dirección del discurso ginocéntrico. Laura es el primer personaje femenino de los textos que hemos escogido que no termina ni loca ni muerta[9]. Ella trasciende el desolado territorio literario plagado de cuerpos femeninos muertos, escapa de escoger a su victimizador como la única manifestación de autonomía. Laura descubre nuevos mundos, visión que abre las puertas de acceso hacia una renovada literatura feminista.

Laura, que ha perdido la memoria, simbólicamente carece de pasado, de la continuidad necesaria para formar una identidad. Decir que este personaje no tiene memoria de su pasado equivale a afirmar que su vida carece de historia, de tradición, carencia que comparte con los personajes femeninos de las anteriores novelas, puesto que sus luchas son olvidadas en sus respectivos heterocosmos. A diferencia de los otros personajes, Laura escucha la voz que le sale de su interior, escucha su lenguaje corporal, el renovado discurso ginocéntrico con el que definirá su identidad, reconocerá la sexualidad como parte de su yo. En un significativo pasaje, Laura recibe el arma del marido, se posesiona del falo, del significante de significantes, acto que le permite la entrada en lo Simbólico, espacio en el que tendrá la opción de revisar discursivamente la Ley del Padre.

En la hipótesis que nos hemos propuesto, *La casa de los espíritus* de Isabel Allende representa la culminación de la aventura de la adquisición de la escritura ya que su contenido ejemplifica los efectos y ganancias de la praxis escritural. En el texto que escribe Alba, se rescata la olvidada escritura de su abuela, se revalorizan géneros escriturales femeninos como los bordados, los murales, la orfebrería y las cartas, escrituras que se recontextualizan palimpsésticamente en su texto. Alba recobra el pasado, la historia de las mujeres de su familia, para reconstruir su tradición con el fin de revolucionar su propia condición de escritora hoy en día.

---

[9] Sobre el tema de la locura, ver mi artículo, "Enmarcando la locura en *Los convidados de agosto*".

Asimismo, Alba deja constancia escritural de su participación en la política de su país, experiencia que al ser codificada en un texto destinado al consumo público ya no podrá ser relegada al olvido[10].

Al final de la aventura escritural que hemos trazado, encontramos a Alba escribiendo su historia, reescribiendo el pasado de las mujeres de su familia, textualizando estas experiencias para que la escritura historice más fielmente los valores de la cultura de la mujer. El propósito de esta travesía es el de redefinir el signo mujer de modo que su auténtica identidad emerja de entre las distorsiones falogocéntricas. Si el lenguaje es el sistema que ordena la realidad social, al colorear dicho lenguaje con las hormonas femeninas, como dice Luisa Valenzuela (1982, 89), se altera no sólo el lenguaje debido a la incorporación de renovados símbolos, sino el orden mismo de la sociedad. Al participar del poder creativo del logos, la mujer deja de ocupar el lugar del Otro, el locus desvalorizado de la cultura, donde es relegada al silencio, al olvido, a ser mal representada por un discurso ajeno. En vez de ello la mujer se constituye en el Sujeto de su propio discurso, en la escritora de su propia sociedad. De este modo, el lenguaje que ha servido para oprimirla, deviene el instrumento más eficaz de su liberación.

La naturaleza revisionista de la literatura feminista tiene por objeto no sólo cuestionar los presupuestos teóricos del discurso, sino también desfamiliarizar los hábitos de lectura con el fin de producir nuevos códigos de lectura. Su meta, entonces, radica en formar lectores y lectoras que tengan conciencia de las prácticas sexistas de la sociedad. En el diálogo entre Carolyn Heilbrun y Catharine Stimpson, una de ellas

---

[10] Una de las peculiaridades del feminismo latinoamericano es la prioridad de la lucha por el cambio del sistema político/económico, que aqueja por igual al hombre y a la mujer, sobre la búsqueda exclusiva de la igualdad entre los sexos (Miller 1983, 11; Navarro 115 y la entrevista que le hace Lourdes Arizpe a Carmen Naranjo). En los dos últimos textos que analizamos, Laura y Alba participan en sendos movimientos revolucionarios para liberar a sus pueblos de la bota militar

dice, "I am ready to use the literature of the world to train
men to read themselves, rather than only to train women to
notice how unheard or exploited they have been" (72). Así,
la literatura feminista se convierte en un acto social destinado
a que tanto el hombre como la mujer contribuyan a cambiar
las prácticas sociales injustas.

La expresión de ias injusticias cometidas contra las mujeres
en los textos que analizamos, no son exclusivas de la literatura hispanoamericana, sino que se encadenan con la ficción de escritoras de otros tiempos y de otras latitudes. Estos
puntos de contacto no constituyen el simple consenso de
prácticas literarias, sino que son índices de la universalidad de
la opresión de la mujer. La reiteración de la victimización del
referente mujer convalida la historicidad de la literatura, sistema que relaciona el texto literario con la textura social. Las
mismas escritoras corroboran este punto cuando declaran
que sus escritos contienen un alto nivel autobiográfico, que
sus discursos son mecanismos de búsqueda personal, ins-
trumentos de autoconocimiento[11]. Para las clases oprimidas
que han conquistado el derecho a la palabra escrita, el discurso no es un simple medio para crear ficciones, sino para
problematizar la realidad, en tal circunstancia, el discurso

---

[11] En mi estudio "Rosario Castellanos" analizo detalladamente los aspectos autobiográficos en la narrativa de esta escritora. Dictionary of Literary Biography: *Contemporary Latin American Fiction,* ed. William Luis
(New York: Bruccoli Clarke Layman, por publicarse).

CAPÍTULO I

CELINA O LOS GATOS:
MEMORIAS DE UNA AUSENCIA

La revisión de la cultura occidental revela que la experiencia de la mujer ha sido excluida por el logos masculino. En *Celina o los gatos,* Julieta Campos nos ofrece una posible manera de cómo la vivencia de la mujer no es codificada por el discurso falogocéntrico y como consecuencia la experiencia de la mujer es relegada al olvido. En esta novela corta, Carlos Manuel, el narrador, comienza a escribir horas después de la muerte de su mujer. Para él, la muerte de Celina constituye "una dispersión" (9), ya que ahora Carlos Manuel parece no recordar los rasgos de su mujer, de ahí que la escritura no sólo es un modo de reconstituirla en su mente, sino también un vehículo de ordenación del caos que culmina con el suicidio de Celina. El escribe para que las cosas, al ser escritas, puedan por primera vez significar algo (7 y 9). Lo que nos proponemos en este capítulo inicial es constatar si el narrador masculino efectivamente utiliza la escritura para definir y comprender a su esposa, propósito anunciado como la meta de su discurso.[1]

---

[1] Cuando el artículo de María-Inés Lagos-Pope, "Cat/Logos: The Narrators Confession in Julieta Campos's Celina o los gatos [Celina or the Cats]," que apareció en Splintering Darkness», libro editado por Lucía Guerra-

Este texto pone en evidencia la relación que existe entre
los eventos que tuvieron lugar en el pasado y el momento de
su articulación en el presente, el instante generativo del discurso narrativo. A este respecto, en las páginas iniciales de su
relato, Carlos Manuel indica que los sucesos contenidos en su
escritura le pasaron "a alguien que ya no soy yo" (6). Con
esta frase el narrador quiere hacer resaltar los cambios que se
operan en la transición entre el tiempo de la historia y el
tiempo de la narración. Dicho de otra manera, debemos
tener presente las diferencias esenciales que existen entre Carlos Manuel-personaje y Carlos Manuel-escritor de sus experiencias[2]. En su narración Carlos Manuel mismo hace resaltar
los cambios que se operan en la transición entre el tiempo de
la historia y el tiempo de la narración: "(digo ese [tiempo de
la narración] porque hoy precisamente ya ha pasado, porque
hoy es el día después de ayer, que fue el último día de nues-
tros trece años de casados, hoy es el primer día en que no estamos casados, en que yo vuelvo a estar solo)" (3, el énfasis
es de Campos). La cita revela no sólo la nueva situación del
narrador, sino que, en términos discursivos, éste nos hace
notar el desdoblamiento del que es objeto. Este desdoblamiento es característico de aquella narrativa en la que el narrador es también personaje de la historia que narra (Genette
245).

Como en el momento de la escritura el objeto de ésta se
encuentra ausente, para dar forma a la imagen de su esposa
muerta el narrador se apoya en sus recuerdos. Cabe señalar
que la memoria de eventos pasados que se fijan en la conciencia de uno son el residuo de las experiencias que no se
han sumido en el subconsciente, que no han sido olvidados.

Cunningham, llegó a mis manos, este capítulo ya estaba escrito. Encuentro
bastante similitud en nuestras lecturas.

[2] Gérard Genette diferencia el tiempo de la historia del tiempo de la na-
rración--"the story time" del "narrating time" (220). En el relato de Campos,
el tiempo de la historia empieza cuando Celina tenía unos dieciséis años y
termina la noche en que Carlos Manuel descubre su cuerpo sin vida; a su
vez el tiempo de la escritura comienza al amanecer del día después de la
muerte de Celina y se prolonga hasta bien entrada la noche.

La memoria es, por lo tanto, el resultado de un proceso selectivo. Desde un principio, entonces, la codificación del personaje Celina es el producto de un proceso reduccionista, o sea que el contenido textual que leemos llega a ser una sinécdoque de la realidad que se pretende capturar. Además, nosotros no leemos la enunciación de hechos que están ocurriendo sino la interpretación *a posteriori* que el marido hace de ellos.[3]

A nivel de personaje, el concepto que Carlos Manuel tiene de su mujer proviene inicialmente de la observación directa de su esposa Celina. Pero cuando ella se encierra en su cuarto, éste la percibe indirectamente por medio de la lectura de una serie de textos secundarios como los retratos de su mujer, el ambiente del cuarto donde ella se encierra o en los ojos de los gatos. De manera que la imagen que Carlos Manuel trata de articular lingüísticamente proviene principalmente de su memoria y de la lectura de una serie de textos secundarios. En este sentido, la Celina que aparece en el texto es el producto de la reescritura de otros textos, o en otras palabras, el producto discursivo que nosotros leemos--la representación de textos secundarios--no es más que el reflejo de un reflejo. Dadas estas circunstancias discursivas, existe la posibilidad de que la escritura sea el resultado de una mala lectura, de que Celina no corresponda a la Celina "real."

Carlos Reis sostiene que en el proceso de la lectura, el lector llega a ser el término más importante del acto de comunicación ya que su función es la de (re)construir el universo imaginario, (re)organizar los eventos de la historia. Sin su participación el texto carece de significado, no pasa de ser un conglomerado de signos impresos en una página en blanco.

---

[3] En Story and Discourse Seymour Chatman concluye que el discurso homodiegético participa del heterodiegético ya que el narrador que reporta está casi siempre fuera de la historia, por lo menos distanciado temporalmente de ella. O sea que la enunciación viene a ser una introspección de lo que ya ha pasado. "Typically--dice este crítico-- he [o ella como narrador/a] is looking back at his [her] own earlier perception-as-a-character. But that looking-back is a conception, no longer a perception" (155). En otras palabras, lo que prima es la subjetividad del codificador.

Pero, dice este crítico, "todo texto es leído con referencia a múltiples textos que lo preceden; o, con otras palabras, que el acto de lectura tampoco ignora el amplio espacio intertextual en que se inserta todo discurso literario" (16). Es decir, cuando los lectores interpretan un texto, cuando le otorgan un sentido, lo hacen desde una posición que revela sus preferencias y prejuicios. Reis recalca que la lectura está caracterizada por una falta de rigor científico, que lo que predomina en la lectura de todo texto es la vigencia de la subjetividad del lector (33-35), la que está determinada por su condicionamiento cultural.

Por otra parte, para valorizar el signo, o su parte constitutiva, el significado, se debe tener muy en cuenta que todo lenguaje literario es esencialmente plurisignificativo. Vale decir que el discurso literario difícilmente se confina, desde el punto de vista semántico, a los estrechos límites de un sentido unívoco. Lo que nos proponemos, entonces, es hechar luz sobre los diferentes niveles de significación contenidos en el discurso de Carlos Manuel para así desentrañar, en general, los registros culturales que condicionan su escritura. La estrategia de Julieta Campos de ceder la palabra textual a un hombre resulta significativa, puesto que revela como el discurso de este varón no cumple con sus propósitos explícitamente formulados, sino que más bien la escritura deviene un vehículo que refleja narcisísticamente a su codificador. La escritura, pues, revela las razones implícitas que motivan al narrador a coger la pluma.

En toda narración los hechos narrados son siempre presentados desde una visión determinada. A la relación que existe entre esta visión y lo que es visto se conoce con el nombre de focalización, término que diferencia los polos de la relación que existe entre el/la que ve y el/la que habla (Bal 100-01). En Celina o los gatos Carlos Manuel-personaje es el focalizador, el que solía ver lo que Celina hacía y como tal sirve de guía al narrador a través del universo por narrarse. Como se puede notar, el texto que nos ocupa ofrece un intrincado sistema discursivo basado en la percepción del focalizador y la conceptualización que el narrador hace de esos eventos. Además, el objeto de la escritura trata de un pasado que va haciéndose cada vez más presente. Por lo tanto, para entender al máximo las motivaciones y la caracterización de los personajes es imprescindible realizar un análisis exhaustivo de la focalización de este texto.

Carlos Manuel-personaje percibe a Celina diacrónicamente, desde los momentos felices de su juventud hasta el día en que ella se suicida, mientras que el narrador la conceptualiza sincrónicamente gracias a la ventaja que le ofrece su punto de vista de estar en un futuro con relación a todos los eventos narrados. Nuestra tarea, pues, es seguir la trayectoria de estos personajes hasta el momento en que son codificados por el narrador.

En el momento de la escritura el narrador se pregunta cómo es que la felicidad de su matrimonio, que él consideraba como perfecto, pudo desvanecerse. Aparentemente no sabe a qué atribuir los cambios operados en su mujer. El acto más importante que causa la escisión de esta pareja tiene lugar la noche en que Celina pregunta a su marido "¿Por qué no me quieres como yo quisiera? ¿Por qué te resistes?. . ." (13). Esta perlocución, que es una de las pocas instancias en la que el personaje femenino[4] se presenta directamente para codificar su realidad interna, está destinada a influenciar el comportamiento de su alocutor.[5] En este caso, Celina quiere que su marido la ame. Por toda respuesta, éste opta por la retirada como una manera de defender su unidad óntica. "Desde esa noche empezó el duelo [a muerte]" (13), escribe Carlos Manuel a manera de metacomentario. Ahora él admite que al principio pretendió satisfacer las necesidades amorosas

---

[4] Cabe hacer notar que en castellano no existe una forma femenina de "el personaje femenino". Subrayo esta falta para dejar constancia que el lenguaje no codifica la totalidad de la realidad de la mujer. Me tomo la licencia de usar la forma femenina de dicha expresión, cuando crea conveniente.

[5] Utilizo la tipología de J. L. Austin, originador de la teoría de los actos del lenguaje. El divide los actos del lenguaje en ilocutorios—todo acto de lenguaje que tiende a realizar o que realiza una acción designada—y perlocutorios—una función del lenguaje que tiene como propósito influenciar al alocutor para que éste ejecute una determinada acción. Ver, How to Do Things with Words.

de Celina, pero que pronto dejó de hacerlo. A partir de entonces se sucede el progresivo distanciamiento de la pareja, hasta que una noche, con un "Vete" (20), Celina interrumpe toda intimidad conyugal, lo cual corta la escasa comunicación que existía entre ellos e inclusive trae consigo una separación espacial--la casa de ella, la casa de él. Desde entonces este matrimonio se caracteriza por el ensimismamiento de ella y la frialdad de él. Como personaje, Carlos Manuel se torna en un imperturbable testigo de los actos de su mujer. Discursivamente Celina pasa a un segundo plano ya que desde entonces los lectores verán a Celina a lo lejos, encerrada con sus gatos en un cuarto fétido y semioscuro, y siempre a través de la focalización de su marido. Esta situación se prolonga por años, tiempo en el que Carlos Manuel se limita a esperar la muerte de su mujer. Carlos Manuel-personaje no entiende el porqué del dramático encierro de su mujer, ya que él pensaba que el enfriamiento conyugal era una cosa que le sucedía a todos. El esperaba que su matrimonio adquiriera cierta estabilidad aunque se basara paradójicamente en un alejamiento progresivo (22). Hasta donde podemos establecer, estos parecen ser los hechos objetivos que afectan a la pareja, los que culminan con la muerte de Celina.[6] A primera vista, ni la pasividad de Celina ni la indiferencia de Carlos Manuel son causas suficientemente fuertes para dar lugar a la tragedia; por consiguiente, las razones del suicidio de Celina deben buscarse en niveles sicológicos más profundos. Sostenemos que el análisis del discurso de Carlos Manuel, el que contiene el mecanismo conceptual que gobierna el proceso escritural, nos proveerá la clave para hallar las causas que precipitan los eventos.

Si volvemos a la causa que origina la escisión de la pareja

---

[6] Aparentemente Celina se deja morir porque no concibe otra identidad que la de ser la amada esposa de su marido. En este sentido, su comportamiento corresponde al de esas personas, que según Mary Daly, "attempt to overcome the threat of non-being by denying the self . . . for we are caught in the self-contradictory bind of shrinking our being to avoid nonbeing" (1973, 23).

la demanda de amor de Celina—constataremos que el alejamiento de Carlos Manuel responde a miedos mal fundados.
El narrador escribe que se distancia de su mujer para mantener su unidad óntica, porque según él, Celina lo necesitaba
como parte de ella y por eso quería incorporarlo como si
fuera una de sus manos o uno de sus pulmones (13). Esta
concepción de Carlos Manuel se funda en la mitología androcéntrica que considera a la mujer como una devoradora de
hombres, como un monstruo, creencia que alimenta los temores del varón.

Por otra parte, nos confiesa el narrador, durante el primer
período de su matrimonio, él conscientemente trataba de imitar los gestos de su mujer, uno por uno, observando a veces
en el espejo los manerismos que le había copiado. "Y me
reía, me reía yo solo frente al espejo; o abría los ojos con
asombro, o simulaba disgusto" (16), recuerda. A pesar de
que durante la enunciación el narrador reconoce lo ridículo
de su actitud, al mismo tiempo se da cuenta de que la necesidad de imitar a su mujer se había convertido en una obsesión
para él (16). El juego de querer ser el doble de Celina nos
lleva a asumir que el narcisismo de Carlos Manuel es la manifestación de su latente homosexualidad.[7] El mismo reconoce
este lado oscuro de su personalidad puesto que al copiar el
tono, la risa, las palabras de Celina, nota un reblandecimiento

---

[7] La manifestación homosexual de Carlos Manuel es consecuente con
las acciones que Freud cree que suceden entre "los invertidos." En Grecia,
dice, cuando un hombre se interesaba por un adolescente, no se excitaba
por sus características masculinas sino por su parecido con una mujer, por
su timidez, su modestia, por sus necesidades de instrucción y de asistencia.
O sea que el invertido se sentía atraído por "las cualidades mentales femeninas" de este joven (las comillas subrayan nuestra ironía ante tal caracterización de lo femenino). De todas maneras, Freud sostiene que el objeto
sexual requerido no era necesariamente uno del mismo sexo, sino alguien
que poseyera las características de ambos sexos, claro que la máxima condición seguía siendo que el cuerpo del objeto sexual fuera masculino
(Freud VII, 144). De manera similar, al copiar Carlos Manuel los gestos de
Celina, él pretende ser como su mujer, y al mirarse en el espejo mientras
hace su mímica, asume que ve a su mujer. Entonces, cuando hace el amor
a Celina, vicariamente piensa que hace el amor a su semejante anatómico,
actividad estrictamente homosexual.

de su personalidad, "un afeminamiento" (16), según sus propias palabras. Al mismo tiempo asegura que Celina descono-
ce las consecuencias sicológicas de su imitación por la inocencia elemental que caracteriza a su mujer. Aunque Carlos
Manuel fomenta esa especie de doble suyo o sombra interior
que era Celina para él, se alarma de los sentimientos ambivalentes que experimenta, se asusta de sus nuevos impulsos sexuales. Como consecuencia, se percata de su propia reticen-
cia al hablar a su mujer, "algo demasiado cuidadoso, que
pretendía encubrir un deseo más profundo de mantenerme
alejado --nos dice-- al margen, *a salvo*" (15, el énfasis es mío).
Para protegerse de su latente homosexualidad, Carlos Manuel
se aleja de su mujer, mientras que ella cree que su marido se
aparta porque ya no la quiere (13). En el texto no se encuentra pasaje alguno que indique que Celina conozca las causas
del fracaso de su matrimonio: la homosexualidad latente de
su marido y el concepto estereotipado que Carlos Manuel
tiene de ella, de ser un monstruo cuya intención es devorarlo.

A causa del distanciamiento de su marido, durante los
últimos tres o cuatro años de su vida, Celina se encierra
en su cuarto definitivamente (26). A partir de entonces, el
personaje femenino prácticamente desaparece de la narración. La lectura que Carlos Manuel hace de la realidad ya
no se basa en Celina sino en una serie de textos secundarios tales como el ambiente tétrico de la recámara de su
mujer, en la luz verde enfermiza, la limpieza exagerada
inicial, y luego la suciedad que poco a poco va introdu-
ciéndose y, finalmente, en el olor inconfundible de los
gatos que ella hace traer. Con estas alteridades el narrador conceptualiza los cambios operados en su mujer. A
nivel de la historia, el narrador recuerda, que por las tar-
des, y desde la puerta, él preguntaba a Celina si necesitaba algo y luego se marchaba. Pero Celina nunca le pedía
nada; así llega el momento en que incluso esas visitas ter-
minan.

Vale la pena dramatizar la situación que se presenta en
este relato: Celina se encierra en su cuarto por un período que sobrepasa los tres años. Cabe entonces preguntarse, ¿qué piensa ella durante este largo tiempo? Nos

imaginamos que para ella los minutos se vuelven horas y las horas eternidades. ¿Qué opinión tiene ella de sí misma? ¿Qué siente ante su propia impotencia? Sabemos que ella tiene dinero: ¿no podría irse a otra parte para empezar una nueva vida? Aparentemente no. La única respuesta que se halla en el texto a estas preguntas es un profundo silencio, desde que la focalización interna no permite al narratario verla directamente. Este se hace testigo del deterioro del personaje femenino a través del filtro del recuerdo del narrador y del subjetivismo de su escritura.

Resulta evidente que Carlos Manuel caracteriza a su mujer como un ser completamente pasivo. El asegura que Celina " [lo] necesitaba para respirar, para vivir. (...) necesitaba un intermediario. Alguien que le permitiera relacionarse con el mundo" (13). Celina, víctima de un proceso sexista de socialización, ha sido condicionada para no vivir por sí misma sino vicariamente a través de su marido. Carlos Manuel fomenta la inactividad de Celina al contarle del trabajo que él realiza para que así ella siga sus actividades desde casa. Carlos Manuel busca perpetuar esta subyugación que se convierte también en una necesidad y fuente de poder para él. Para lograr este propósito, la llama por teléfono a menudo para cerciorarse de que esté en casa esperándole. El prefería que ella no saliera, que no se dedicara a nada, que no se interesara sino por él, que no leyera siquiera los periódicos (14). Esta forma de socialización asimétrica explica en parte porqué Celina no hace otra cosa que alejarse más y más hasta llegar a ocupar un espacio desvalorizado y tangencial en la narración.

Durante su encierro Celina yace en cama, sufriendo de un asma psicosomático. Esto lo confirma el propio esposo, que es médico. El nunca la examina ni sugiere que vaya a ver a otro médico porque tenía la certeza de que Celina no adolecía de ninguna enfermedad (27-28). Así pues el malestar que ella siente no es orgánico sino que más bien constituye una reacción sicológica contra la situación que la ha llevado a ese estado de postración. Su inanición ilustra dramáticamente cómo el condicionamiento patriarcal literalmente enferma a la mujer, física y mentalmente (Gilbert y Gubar 1979, 53).[8]

Para contrarrestar la soledad de su encierro, Celina hace traer unos gatos, los que devienen uno de los textos secundarios más importantes en el que Carlos Manuel basa su lectura para conceptualizar discursivamente a su mujer. El narrador asegura que Celina veía en los ojos de los gatos algo que se encontraba en ella misma, algo que la fascinaba (34). En el ensayo titulado "De gatos y otros mundos", que aparece al principio de esta colección de relatos, Julieta Campos nos ofrece el intertexto en el que se fundan las palabras de Carlos Manuel. Dicho ensayo sostiene que mirarse en la mirada fija de un gato equivale a observarse a sí mismo, ya que en el fondo de los ojos de estos felinos existe una presencia interior que nos contempla y que no es otra cosa que el reflejo del espíritu de uno. Dicha mirada contiene la encarnación del bien y del mal, la personificación de lo desconocido y misterioso, un trasmundo no asequible por la lógica sino por medio de una comunicación meta-natural, meta-sensible (XVI-XVII). Según Carlos Manuel, Celina participaba de esa naturaleza enigmática de los gatos puesto que ella se encontraba en ellos "de una manera primitiva, infantil y extraña . . ." (28). Dicha reflexividad era tan aparente que cualquiera hubiera descubierto en la relación de Celina con los gatos "algo fantástico y sugerente, algo susceptible de convertirse en la materia de una historia donde prevalecerían el terror y la seducción . . ." (28), escribe Carlos Manuel. Los gatos, pues, cumplen una función metafórica en el relato ya que el referente de la metáfora apunta a la supuesta naturaleza maligna y misteriosa de Celina.

Ella, como el cuarto en penumbras donde se encierra, resiste toda definición, deviene un signo incomprensible para la lógica falogocéntrica de Carlos Manuel, razón por la cual Celi-

---

[8] Consultar Vivian Gornick y Barbara K. Moran, eds, Woman in Sexist Society (New York: Basic Books, 1971); Phyllis Chesler, Women and Madness (New York: Doubleday, 1972); Barbara Ehrenreich y Deidre English, Complaints and Disorders: The Sexual Politics of Sickness (Old Westbury: The Feminist Press, 1973).

na es consideráda como el espacio de la sin-razón. En el mencionado ensayo, Julieta Campos señala que los poetas tradicionalmente han sostenido la creencia de que la mujer y los gatos comparten las mismas características ya que ambos poseen "una naturaleza inabordable, sibilina, un sexto sentido que se escapa a las estructuras construidas en torno a la lógica, la razón práctica y las verdades objetivas. La mujer comparte con el gato, *en los afectos del hombre,* una admiración no desprovista de cierto terror . . ." (XVIII, el énfasis es mío). Si bien Carlos Manuel experimenta dicho terror, éste no es originado necesariamente por su mujer sino que es más bien el resultado de la internalización por parte del narrador de una intertextualidad que perpetúa una concepción estereotipada de la mujer, como lo atestigua el ensayo de Julieta Campos.

A nivel de la historia, Celina muere encerrada en su cuarto rodeada de los gatos. Su travesía, entonces, puede ser diagramada como un desplazamiento que va desde una presencia a una ausencia. Es decir, que Celina va desapareciendo progresivamente de la narración, razón por la cual el propósito inicial de la escritura--fijar la memoria de Celina--no es llevado a cabo. En vez de definir al personaje femenino, las estrategias discursivas del narrador la opacan más, la distorsionan de tal forma que su verdadera naturaleza se pierde tras el estereotipo. Es más, Carlos Manuel mismo admite que durante el tiempo de la escritura la memoria parece fallarle, que los hechos se le desmoronan y por eso necesita apoyarse "en los gestos, en una que otra palabra recordada, en la memoria de las cosas que me rodeaban . . ." (12). De manera que la unidad óntica de Celina no es capturada en su totalidad, y lo que se logra codificar proviene del recuerdo asociado a determinadas partes anatómicas, como sus ojos verdes iridiscentes, sus manos, sus uñas, sus gestos. A pesar de esta reducción, el narrador dice estar contento "con estos fragmentos" (14), con los que codifica su narración.

Al comenzar su narración Carlos Manuel advierte que en los últimos años de la vida de su mujer se distinguen tres etapas, las que él define como "desorden, incoherencia . . . [y] desintegración" (9), las que corresponden a la enfermedad, la

locura y el suicidio de Celina, y que deberían constituir el me-
ollo de la escritura de este relato, de acuerdo con el propósito
inicial del narrador de explicar las causas del suicidio de su
mujer. Sin embargo, la narración no ahonda en estos episodios, por lo que la experiencia del personaje femenino se
pierde en un profundo pozo de silencio. O sea que en la narración de Carlos Manuel, no se restituye auténtica ni discursivamente a la verdadera Celina.

El desplazamiento del personaje femenino desde una presencia hasta su total ausencia se realiza en proporción inversa
al del personaje masculino, quien durante el tiempo de la historia no sólo afirma su presencia sino que en el tiempo de la
narración queda como la única presencia a la par que se convierte en la máxima (autor)idad textual. Vale la pena recordar que si bien Carlos Manuel-personaje y Carlos Manuel-
narrador son una misma persona, existen obvias diferencias
entre ellos. Según Spitzer, lo que separa al yo-narrador del
yo-narrado es la diferencia de edad y de experiencia. En esta
relación sinecdóquica, el narrador en todo momento es
mayor y más sabio que la figura de su narración, aunque éste
último se hace cada vez más como el narrador a medida que
progresa la narración (Genette 252-53). Es decir que la distancia temporal y espacial que separa la acción reportada del
acto de la narración, se va reduciendo gradualmente hasta
que finalmente llega a cero, cuando el tiempo de la historia
alcanza el aquí y el ahora del comienzo del tiempo de la narración (Genette 227).

Por ejemplo, cuando el narrador recuerda la noche en que
Celina le dijo que ella tenía miedo de morirse, él la calma
dándole a entender que su temor se pasaría cuando él le hiciera el amor. Entonces ella le responde que los hombres
creen que con eso lo resuelven todo (12). Ahora que Carlos
Manuel escribe de ese incidente dice: "Vuelvo a aquel instante. Me di cuenta de que yo, que estaba sentado en un sillón
fumando, era una persona, me llamaba Carlos Manuel y tenía
un apellido, y que esa persona que era yo estaba completamente separada de esa otra persona que era Celina" (13).
Esta oración es representativa de las estrategias narrativas que
gobiernan la enunciación. La acción del primer verbo en el

presente indica que el yo-narrador, que existe en el presente, "vuelve" mentalmente al pasado para codificar lo que el yo-narrado pensó en determinado momento, pensamientos que forman el "punto de vista conceptual" (Chatman 152) de Carlos Manuel-personaje, y que durante el tiempo escritural son aceptados como verdaderos por Carlos Manuel-narrador, aumentándose de esta manera el nivel subjetivo de esta narración.

Si reconstruimos la fábula se puede constatar que Carlos Manuel se aparta de Celina porque teme las consecuencias de su latente homosexualidad, pero para justificar su huida fabrica una imagen maligna y misteriosa de su mujer, de la que dice tiene que protegerse. Tanto la concepción estereotipada como su subsiguiente inscripción no son más que fragmentos de un código cultural de índole patriarcal. [9] Tan notorio es el estereotipo que condiciona la escritura de Carlos Manuel, quien en una especie de metacomentario admite que se siente humillado por tener que aceptar, muy a pesar suyo, la

---

[9] Nos apoyamos en la definición de Roland Barthes que dice que los códigos son "fragments of something that has always been already read, seen, done, experienced; the code is the wake of that already. Referring to what has been written, i.e. to the Book (of culture, of life, of life as culture), it makes the text into a prospectus of this Book" (20-21, el énfasis es de Barthes). Simone de Beauvoir sostiene que en este Libro de la cultura ya codificado, la mujer ha sido la imagen que representa los sentimientos ambivalentes que el hombre tiene de su incapacidad de controlar su propia existencia. Considerada como el Otro, "woman comes to represent the contingency of life, life that is made to be destroyed. 'It is the horror of his own carnal contingence . . . which [man] projects upon [woman].'" De allí la proliferación en la cultura de diosas-brujas como la Esfinge, la Medusa, Circe, Dalila, Salomé, "all of whom possess duplicitous arts that allow them both to seduce and steal male generative energy" (citado de Gilbert y Gubar 1979, 34). Joanna Russ es de la misma opinión, ya que a menudo cuando el personaje femenino es caracterizado como el otro, ella no es codificada como una persona, sino que representa la proyección de un miedo o de un deseo del codificador (6). Elaine Showalter recalca que esta clase de caracterización de la mujer es tan antigua como la escritura misma y que aparece frecuentemente en el folklore y en la mitología de los pueblos. En estos mitos lo secreto es la esencia del lenguaje utilizado para codificar a la mujer. De esta manera, lo que es articulado es la fantasía que el hombre tiene de la naturaleza enigmática de la mujer (1982, 21).

identificación de la mujer con la naturaleza enigmática de los gatos, identificación que es el producto de una vieja superstición, de una creencia irracional o inexplicable (28). No obstante su aguda observación, su escritura sigue fielmente los postulados del falogocentrismo; vale decir, no hace más que reforzar y prolongar las supersticiones y estereotipos que distorsionan la imagen de la mujer. La escritura misma contribuye a perpetuar el estereotipo ya que cuando en una narración el escritor adopta sistemáticamente el punto de vista de uno de los personajes, los sentimientos de los otros quedan a oscuras y desde esta posición discursiva resulta fácil asignar a los otros una identidad misteriosa y ambigua (Genette 201).

Carlos Manuel tiene que apoyarse en el estereotipo que caracteriza a la mujer como una fuerza destructora, puesto que sólo así puede justificar su alejamiento de Celina. Al mismo tiempo, esta distorsión de la realidad le sirve para aminorar la culpa que le corresponde en el suicidio de su mujer. Como se puede notar, poco a poco van emergiendo los propósitos implícitos de la narración, los que responden íntegramente a las necesidades del narrador.

Una de las primeras revelaciones que Carlos Manuel le confía al papel es que él sabía desde un principio que su mujer iba a quitarse la vida--"supe con toda precisión y seguridad lo que habría de ocurrir, cómo y cuándo habría de ocurrir" (3-4). Los tres o cuatro años que dura el desmoronamiento de Celina, él no siente ni horror ni remordimiento alguno por su participación en el desenlace fatal (9). Sin embargo, en este texto altamente autorreferencial, el narrador vuelve una y otra vez al tema de su responsabilidad, a su participación y a la culpa que le toca en la tragedia ocurrida. Por eso se pregunta "¿cómo negar que en un momento dado dejé de ser víctima para convertirme en cómplice y por ello, de una extraña manera, en victimario?" (7). A pesar de que el narrador se culpa del resultado de los hechos, al mismo tiempo se disculpa de su maldad ya que según él había perdido toda noción del bien y del mal. Carlos Manuel se desliga de toda responsabilidad aludiendo a cierto fatalismo, situación en la que él y Celina, dice, no fueron más que fichas de un juego manejado infa-

liblemente por un jugador diabólico (4), que bien puede
ser él mismo.

No hay duda de que Carlos Manuel contribuye a la muerte
de su mujer, razón por la cual el relato puede leerse como la
anatomía de un crimen. No sólo el marido observa la desintegración de su mujer, sino que para precipitar los acontecimientos, él le manda anónimos para hacerle creer que tiene
una amante y para dejar establecido que ella ya no ejerce ningún dominio sobre él. Este parece ser el último eslabón de
una larga cadena que arrastra a Celina al suicidio. Al final de
su relato, Carlos Manuel escribe:

> No es que yo necesite creerlo, engañarme, pensar que fui yo
> quien destruí a Celina, pensar que por lo menos precipité las
> cosas, tuve algo que ver, algo, porque si no esa muerte de
> Celina sería como si ella me hubiera destruido a mí (33-34).

El suicidio de Celina es la culminación de lo que Carlos
Manuel considera un duelo a muerte. Recordemos que el narrador intentaba retraerse de la supuesta sombría atracción
que Celina ejercía sobre él, situación de la que él, nos dice, se
defendió instintivamente como lo hace uno cuando está en
peligro de muerte (29). Por otra parte, Celina es como el espejo donde se refleja la ansiedad que Carlos Manuel siente
ante sus impulsos homosexuales. La solución definitiva contra estos sentimientos no podía ser otra que la supresión de la
causa que originó sus temores. Por eso, una vez que Carlos
Manuel pone en movimiento los mecanismos del crimen, la
vida de Celina parece gobernada por una especie de fatalismo que necesariamente la conduce a la tragedia.[10]

El propósito de la escritura, por lo tanto, no es el de fijar la

---

[10] *Celina o los gatos* puede leerse como la radiografía de un crimen so-
lapado. Aunque no estamos completamente de acuerdo de llamar al crimi-
nal, profeta, como lo hace Margo Glantz, concordamos con su caracterización del fatalismo que predomina en el relato. Dice ella: se nota "una
profesía planteada al revés, una profesía que no ilumina el futuro, que no
se dirige a otros seres, sino que se musita en el interior de uno mismo antes
de que las cosas sucedan . . . Se siente una catástrofe, se espera un desenlace, se sabe, pero el profeta calla y vive esperando la desgracia" (72).

imagen de Celina, sino que el narrador-escritor utiliza el proceso de la escritura como un mecanismo catártico, como una purgación destinada a menguar el remordimiento del narrador. En este sentido, la escritura constituye un prolongado comentario metadiegético sobre la relación que mantiene el narrador con los acontecimientos de la historia narrada. El discurso de Carlos Manuel cumple una función testimonial ya que la narración trata del estado afectivo y del cuestionamiento moral que experimenta el narrador al escribir los hechos en los cuales él participó directamente. Y como su disculpa toma la forma de un metacomentario, la explicación de los móviles llega a ser lo que Gerald Prince llama sobrejustificación (15).

El propósito de la escritura de Carlos Manuel, entonces, es justificarse, desligarse de su responsabilidad. Su discurso no es sólo un vehículo de autorreflexión y purgación, sino que está también destinado a convencer al narratario de su inocencia. Para ganarse la complicidad de éste, Carlos Manuel se dirige directamente a él para recalcar que Celina verdaderamente tenía una naturaleza misteriosa, como la de los gatos.

> Dice: "Por primera vez en mi vida comprendí que los animales viven en *un mundo propio que nos está vedado, al que no debemos asomarnos.* Y Celina lo compartía. Celina vivía en ese mundo (...). Celina abandonó mi mundo para encerrarse en otro que me era ajeno, y al que yo no podía ni quería penetrar" (29, el énfasis es mío).

Al dirigirse directamente al narratario, Carlos Manuel lo define como un varón. De ahí que el "nosotros" que utiliza tiene un doble propósito: polarizar el mundo entre los hombres y las mujeres e implícitamente reificar dos mundos exclusivos, el conocido vs el ignoto, la razón vs la intuición, correspondiendo el primer término al dominio del varón y el segundo al de la mujer. El discurso mismo de Carlos Manuel responde a su exhortación ya que su escritura caracteriza a Celina como algo misterioso y amorfo; ella es lo que Freud llama "el continente desconocido," al que el hombre apenas se ha acercado. Al distorsionarse la figura de Celina, ella no es adecuadamente codificada, al punto que su presencia textual es substituida por una ausencia. De esta manera, *Celina o los gatos* nos muestra los mecanismos falogocéntricos empleados para impedir que el personaje femenino alcance el valor de un signo auténtico; puesto que hasta ahora ella ha sido mal leída o mal representada por el narrador masculino.

Por otra parte, la escritura le sirve a Carlos Manuel no sólo para disculparse, para aminorar sus culpas, sino también para intentar exorcisarse de los hechos ocurridos y así olvidarlos, relegando la verdadera historia de Celina al olvido. Este es el propósito de frases como, "quiero olvidar y sin embargo no puedo pensar en otra cosa" (26). Como se puede observar, el narrador experimenta una serie de ambivalencias, las que traducen la precaria situación en la que se encuentra. Es más, parece como si Carlos Manuel no estuviera seguro de haber convencido al narratario de su inocencia con su discurso justificativo; de ahí que se pregunte–o pregunte indirectamente al narratario: "¿Podría decir yo, podría decir alguien que fui yo el que mató a Celina?" (33). El mismo intenta aplacar su temor al tratar de convencerse de que si dijera que fue él quien la mató, nadie lo creería (33). Pero como Carlos Manuel no parece confiar en el alcance persuasivo de su discurso, para estar seguro, destruye el texto que acaba de escribir, texto que él define como "palabras inútiles" (34), hecho que terminará por sepultar los últimos vestigios de la tragedia de Celina.

Según Gerald Prince, la función más obvia que cumple el narratario es la de transmitir el mensaje del narrador, o mejor dicho, el del autor al lector (20-21). En *Celina o los gatos,* el narratario no se halla explícito en el texto, pero sí es una consecuencia textual. Si Carlos Manuel destruye el texto que ha escrito, destruirá los últimos vestigios de Celina, así como al narratario, ya que éste es otro producto escritural. Una vez libre del narratario, el narrador cree haber salvaguardado el secreto contenido en su narración; él quiere que todo quede entre Celina y él, que su crimen permanezca sellado en la tumba de su mujer, convertida ahora en víctima y única testigo del crimen perpetrado. Este parece ser el significado de las últimas frases que escribe Carlos Manuel: "[todo]

debe quedar *entre nosotros*. Todo esto que tiene cierta belleza. Una belleza que depende tan sólo del *silencio*. Y del *olvido*" (34, el énfasis es mío). Una vez más el lenguaje androcéntrico intenta silenciar y olvidar la experiencia
femenina.

Sin embargo, Carlos Manuel no logra silenciar su funesto
crimen. Para que este crimen no sea sepultado y olvidado,
Julieta Campos crea otra fuerte presencia en el relato, la que
es sentida por el/la lector/a actual: se trata del la autor/a im-
plícito/a, el/la lector/a que gobierna la totalidad del discurso
y el/la que "rescata" el texto de ser destruido.[11] Chatman señala que "the implied author can tell us nothing. He, or bet-
ter, it has no voice, no direct means of communicating. It
instructs us silently, through the design of the whole, with all
voices, by all means it has chosen to let us learn" (148). Precisamente, cuando el/la lector/a real de Celina o los gatos
considera la totalidad del heterocosmos[12] concluye que la totalidad del discurso deja entrever una asimetría generalizada.
Por un lado, gracias a determinadas estrategias discursivas se
devalúa, se distancia y se distorsiona al personaje femenino,
y por otro lado, el/la lector/a se encuentra con la insistente
presencia del narrador, el que trata de manipular su discurso
para satisfacer sus propios intereses. Al sopesar este desba-
lance, el/la lector/a siente que lo que acaba de leer es una
"paralipsis" (Genette 195), un relato en el que el narrador no
nos ha proporcionado toda la información necesaria; específi-

---

[11] En The Rhetoric of Fiction, Wayne C. Booth cita a Jessamyn West,
quien dice que a veces sólo al escribir el/la novelista puede descubrir no
sólo su historia sino a la que escribe, al/a la escribano/a oficial de esa narrativa. Esta presencia, que Booth llama autor implícito, es semejante a una
segunda identidad del/de la autor/a, la que debe ser percibida por los lectores ya que constituye uno de los efectos más importantes que los escritores insertan en la ficción (71).

[12] Linda Hutcheon mantiene que el concepto de heterocosmos no es
simplemente otro mundo que los lectores y escritores crean, sino que este
término sugiere que la literatura es un sistema estético autosuficiente de relaciones internas que tiene sus propias reglas que gobiernan la lógica o la
motivación de sus partes, las que los lectores reconocen a medida que pro-
ceden con su lectura (1980, 90).

camente, el relato no incluye la experiencia femenina. Esta ausencia contrasta con la omnipresencia del "yo" generatriz del discurso, al punto que se puede afirmar que este relato contiene "un narrador dramatizado," según la tipología de Booth (152).

Dadas estas asimetrías y como consecuencia de la visión restringida que el narrador ha reservado para los lectores, les es lícito a éstos formularse una serie de preguntas sobre la veracidad de la caracterización de Celina como un ser misterioso y destructor; preguntarse el porqué de las constantes contradicciones que se encuentran en la narración de Carlos Manuel. Por ejemplo, el narrador nos promete una narración para definir a Celina, pero su discurso se vuelve reflexivamente hacia su lugar de origen para hacer del narrador el verdadero objeto de la búsqueda discursiva. Concomitantemente, la promesa de una escritura objetiva--"todo lo que estoy contando me parece muy lejano y bastante ajeno" (6)-- no se materializa ya que el narrador no logra distanciarse de lo que va narrando. De esta manera inclusive el lenguaje mismo se torna en un mecanismo destinado a manipular el discurso para purgar las culpas y remordimientos del narrador. O sea que lo que empieza siendo una narrativa homodiegética, instancia en la que el narrador es parte de la historia que cuenta, se torna en una narrativa autodiegética, en la que el narrador deviene el personaje central del enunciado (Genette 244-45).

Una de las funciones más importantes del/de la autor/a implícito/a es hacer que los lectores se percaten de la moralidad de cada uno de los personajes. En esta novela los lectores están conscientes de las contradicciones en las que cae Carlos Manuel: por ejemplo, su dedicación a salvar vidas ajenas como médico (5) desentona con el crimen que comete, y el hecho de que él trata de impedir que el/la lector/a averigüe la verdad de lo ocurrido hace que el/la receptor/a del discurso no confíe en este narrador. Por estas y otras contradicciones, por las ambigüedades y titubeos, los lectores, guiados por el/la autor/a implícito/a, juzga que Carlos Manuel es un narrador no confiable, que no actúa de acuerdo con las normas prescriptivas prometidas (Booth

158-59) y que manipula el discurso simplemente para justificarse.[13]

De esta manera, Julieta Campos abre su texto para com-
prometer a los lectores, puesto que por medio de la lectura
llegamos a ser testigos del crimen. Por lo tanto, el texto
mismo nos exige una respuesta, demanda que definamos
nuestra posición: o contribuimos a polarizar los géneros, a
perpetuar el estereotipo de la mujer-enigma, a ahondar el silencio que ha servido para sepultar a la mujer y así convertir-
nos en cómplice del marido, o denunciamos el crimen cometido.

En el texto que acabamos de analizar, el personaje femenino ocupa una posición excéntrica por estar desprovista de
voz, por no poder presentar su propia experiencia femenina.
Al articularse al personaje femenino desde una perspectiva
extrínseca a su realidad, se convierte en el Otro, estrategia
que la mayor parte del tiempo tiende a sumirla en un pozo
de silencio. A este propósito Shoshana Felman sostiene que
"throughout the history of the logos, man has reduced
woman to the status of a silent and subordinate subject, to something inherently *spoken for*...To 'speak in the name of,' to
'speak for' could thus mean, once again, to appropriate and
to silence" (1975, 4). Como consecuencia de esta pasividad
impuesta discursivamente, la mujer es articulada de manera
que su comportamiento se adecúe a las exigencias y a la lógica del axis narrativo masculino, situación en la que ella sufre
en silencio, agobiada por un sistema que la aliena, que no le
permite el desarrollo de sus facultades mentales y corporales.
Al no tener acceso pleno al uso del lenguaje, de una manera
u otra Celina prolonga el mito de la mujer silenciosa (Landy

---

[13] Wayne C. Booth nos ofrece las pautas para determinar si una narración es sincera o no. El pregunta "Is the implied author in harmony with
himself–that is, are his other choices in harmony with his explicit narrative
character? If a narrator who by every trustworthy sign is presented to us as
a reliable spokesman for the author professes to believe in values which
are never realized in the structure as a whole, we can then talk of an insin-
cere work" (75).

19). Sumida en el silencio y alienada de todo, ella no encuentra otra salida que el suicidio.

Esta clase de texto impide teorizar sobre la naturaleza de la conciencia femenina puesto que no se puede analizar una ausencia. En esta primera etapa de la escritura feminista, cuando se presenta a la mujer desprovista de una voz que la pueda definir, la escritura dramatiza principalmente el sistema patriarcal opresivo. En este sentido, el título *Celina o los gatos* establece una presencia que se torna en una ausencia a medida que el discurso falocéntrico se vuelve reflexivamente sobre el hombre que lo codifica[14] O sea, el discurso mismo llega a ser un medio opresivo, de ahí que, a pesar del virtuosismo narrativo de esta obra, ésta pertenece a un tiempo escritural anterior a la definición ontológica de la conciencia femenina. Si bien la caracterización de la mujer como un personaje desvalido, como una víctima del patriarcado, ilumina el sistema que la oprime, su entrada en la cultura androcéntrica en estas condiciones de desventaja corre el riesgo de dejar de lado la herencia de la tradición de la mujer, tradición que es un pilar importante sobre el que se quiere fundar una literatura feminista de tenor revisionista. Esta clase de narración, por consiguiente, no constituye un hito en el camino hacia la definición del personaje femenino.

Lo que sí se puede afirmar es que *Celina o los gatos* está hilvanada alrededor de un núcleo invisible, no articulado: Celina. A este principio estructural Joanna Russ llama "liricismo", que consiste de una serie de elementos constitutivos,

---

[14] Sharon Magnarelli nos hace notar que a partir de la segunda mitad del siglo XIX se encuentra en la literatura hispanoamericana una serie de títulos de novelas que parecen prometer que sus textos tratarán de una mujer. Por ejemplo, Amalia, María, Doña Bárbara, y recientemente, La traición de Rita Hayworth, El beso de la mujer araña. "Paradoxically–continúa esta escritora–each of these titles is a misnomer; each ultimately fails to center on the promised protagonist, and each turns its attention, instead, to a male character who becomes the true protagonist" (1985, 16). Los autores masculinos de estas novelas dan el título equivocado a sus relatos desde que sus textos, como es el caso del discurso de Carlos Manuel, versan sobre el personaje masculino.

como los sucesos del relato, las imágenes, la articulación escritural, que están organizados alrededor de un tema tácito o no expresado, o alrededor de un centro emocional no articulado (12). Consecuentemente, el análisis que nosotros hemos propuesto no aprehende la imagen de Celina, sino que ilustra el mecanismo discursivo patriarcal tras del cual desaparece la mujer.[15]

En este primer capítulo esperamos haber demostrado cómo el relato narrado por una voz masculina, de manera subrepticia ignora a la mujer como objeto de la escritura para volverse en un mecanismo reflexivo destinado a desentrañar los conflictos interiores del varón. En esta clase de escritura, el personaje femenino no sólo constituye el espejo donde el varón se mira para tratar de comprenderse--"sólo puedo explicarme a través de Celina" (5) admite el narrador--sino que al articularse la imagen de la mujer, ésta es distorsionada para ajustarla a los estereotipos ya concebidos por la cultura falogocéntrica. El estereotipo es aceptado tanto por Carlos Manuel-personaje como por Carlos Manuel-narrador. Es decir, que al reificar el mito por medio de su discurso, Carlos Manuel ignora la ganancia cognoscitiva que pueda resultar del acto de la escritura. Por lo tanto, su autorreflexión no le conduce ni a rectificar la mala lectura que hace de Celina ni a escribir del verdadero objeto discursivo, tal como lo había prometido inicialmente. De esta manera el narrador pierde la oportunidad que le ofrece la escritura de reconocer la auténtica realidad y así crecer ontológicamente. En vez de ello, su discurso termina concentrándose en él mismo, en el hombre que es afectado por la mujer que describe (Griffin Wolff 208). Dadas estas circunstancias, el texto que hemos analizado se convierte más que todo en un doble pre-texto, en una excusa justificativa y en un texto anterior a la codificación de la experiencia femenina.

---

[15] A este respecto, Margaret Homans resume la posición de la crítica francesa de escritoras como Hélène Cixous, Luce Irigaray, Monique Wittig y Julia Kristeva "[who] understand language to be a male construct whose operation depends on women's silence and absence, so that when women write they do not represent themselves as women" (186).

Capítulo II

EL CONSENSO NARRATIVO EN
LOS CONVIDADOS DE AGOSTO

En este capítulo nos proponemos definir la dinámica del consenso social que prevalece en *Los convidados de agosto* para determinar su influencia en el desarrollo de los personajes femeninos. Rosario Castellanos basa su relato en la estrecha relación que existe entre la trayectoria vital de mujeres sin identidad y las demandas caducas que la sociedad representada les impone sobre ellas. Con este fin, Castellanos ficcionaliza las relaciones sociales vigentes en Comitán, un pueblecito perdido en las montañas mexicanas del estado de Chiapas. El contexto que se busca representar en *Los convidados de agosto* corresponde a la realidad mexicana provinciana después de la reforma agraria. Lo que nos interesa de este período son las consecuencias que conlleva la ideología patriarcal respecto de la mujer. La crítica ya ha analizado las relaciones sociales que se actualizan en este texto y que esencialmente obedecen a una serie de oposiciones binarias cuyos términos son los de amo/siervo, fuerte/débil, (Paley Francescato 115), o víctima/victimario (Ocampo 201),[1]

---

[1] Aurora M. Campos señala que la "relación víctima-victimario no sólo estratifica el poder político, económico, social religiosa, racial y sexual, sino también gobierna nuestra más íntimas relaciones" (201).

dicotomías que contribuyen a ahondar la falta de comunicación entre los diferentes segmentos de la sociedad.

Rosario Castellanos sostiene que la ficción ha sido un instrumento útil para captar, expresar y conferir sentido y perdurabilidad a la realidad mexicana (1964, 223). Esta escritora, al igual que otros críticos, afirma que la literatura refleja los mecanismos que la ideología imperante tiene a su disposición para imponer sobre otros un sistema de ideas políticas, económicas, sociales, o jurídicas que justifican y protegen los intereses de la clase hegemónica en un determinado momento histórico. La clase dominante procura perpetuar su ideología, modos de comportamiento y sistema político que, al no ser renovados, se anquilosan en una serie de manifestaciones arcaicas, con las que el poder hegemónico conduce a su pueblo (Miller 1979, 5).

Según Elizabeth Ermarth, el realismo literario es fundamentalmente una forma de consenso, puesto que refleja una dinámica por medio de la cual los personajes perciben la economía social de una misma manera. La función del narrador radica en consolidar en una sola perspectiva la forma aceptada de comportamiento de los personajes. Dicha perspectiva, o modo de percepción, resulta de la fusión que el narrador hace de los tiempos privados de los personajes en uno público, el que crea un tiempo continuo, una tradición, un medio de crecimiento y desarrollo para los que aceptan vivir de acuerdo con las reglas del consenso. Puesto que el consenso es el producto que nace del tácito acuerdo de los personajes, tal hechura deviene una consecuencia de la experiencia en común y no su condición a priori. A pesar de que en la ficción la voz narrativa transforma la multiplicidad de tiempos en uno solo para lograr el consenso, dicha inclusividad es engañosa puesto que para lograr el consenso debe aniquilarse todo punto de vista que disienta y que lo cuestione seriamente. Sólo los personajes que se someten al consenso pueden tener acceso al tiempo continuo para prosperar (Ermarth 1-9). Precisamente, al nivel de contenido, el argumento avanza gracias al conflicto entre los que aceptan el consenso narrativo y los que lo rechazan. En tal caso, la regla del consenso se torna, para estos últimos, en una especie de imposición que va en contra de su voluntad. En la novela corta que analizamos, las acciones de Emelina no se corresponden con los mandatos del consenso falocéntrico de su mundo y por eso ella sufre las represalias de su sociedad. El mencionado consenso resulta para ella un gobierno por la fuerza [2].

Las relaciones sintagmáticas que se encuentran en *Los convidados de agosto* varían de acuerdo con factores raciales, económicos, religiosos y de género. En este estudio enfocaremos nuestra atención en el último sintagma, o la polarización sexual que gobierna el comportamiento de estos pueblerinos.

En el relato de Castellanos se sigue la caracterización tradicional que homologa al varón con lo público y lo activo; él se constituye en el monoproductor del significado, la economía está a su cargo. En suma, su rol es el del hacedor. Así, Mateo, el hijo menor, a quien Emelina califica de inútil, dispone de las propiedades de la familia y de los dineros de la venta del ganado (70). La sociedad lo inviste de autoridad por el simple hecho de ser hombre,[3] y por la posición hegemónica que ostenta, confiere respetabilidad al hogar. En cambio la mujer es caracterizada como un ser pasivo, como un signo cuyo valor se reduce a su capacidad reproductiva, a ser esposa y madre, roles practicados dentro del círculo doméstico.[4] En esta sociedad la mujer obtiene el respeto de los demás sólo a través del hombre.

---

[2] Aurora Ocampo, Martha Paley Francescato, Alfonso González y Beth Miller, entre otros, se han ocupado de los anteriores sintagmas, así como de las consecuenciasque traen las diferencias entre las clases sociales en este relato.

[3] Smith define autoridad como "the right to make a particular decisión and to commzand obedience… autority entails a hierarchical chain of command and control" (citado Zimbalist Rosaldo 21).

[4] Michelle Zimbalist Rosaldo define lo "doméstico" como "those minimal institutions and modes of activiry that are organized immediaty around one or more mothers and their children; 'public' refers to activities, institutions, and froms of associations that link, rank, organize, or subsume particular mother-child groups·. Esta división, sostiene Rosaldo, provee una estructura universal para conceptualizar las actividades de los sexos y para identificar la posición que el hombre y la mujer han ocupado tradicionalmente (23).

Este último también goza de las más pequeñas libertades
como son el poder deambular por las calles del pueblo, fre-
cuentar las cantinas, e inclusive satisfacer sus necesidades sexuales en prostíbulos (95). Al contrario, la mujer no puede ni
siquiera reir libremente sino que lo hace a medias, ocultando
los labios bajo el fichú de lana o el chal de tul (58), ruborizán-
dose ante la menor sugerencia amorosa (61), manteniendo
siempre la vista baja ante el pretendiente (75), cuando lo hay.
Su función radica en realizar las tareas domésticas, cuidar a
los niños, a los viejos y a los enfermos (71-72).

En Comitán, la mujer casada o soltera, por la naturaleza de
sus actividades, está destinada a permanecer confinada dentro
de los límites de la casa.[5] El enclaustramiento de los personajes femeninos en este relato está dramatizado por el pasaje en
el que el canario de Emelina no vuela hacia su libertad aun
cuando las puertas de su jaula están abiertas. Esta avecilla ha
sido domesticada para permanecer en su cautiverio y no para
lanzarse a los cielos azules que se le ofrece (69), así como las
solteronas de Comitán que han sido condicionadas para volver siempre a sus casas fingiendo una dignidad que están
muy lejos de sentir. La casa, lugar que tradicionalmente ha
sido representado como el espacio propicio para la mujer,
ahora se muestra tal como verdaderamente es, una prisión.
Metafóricamente, la casa es codificada como un espacio de
enclaustramiento y de limitación ontológica de la que Emelina, en este caso, trata de sustraerse. Gilbert y Gubar llaman
"anxieties about space" a las estrategias narrativas que elabo-
ran las imágenes espaciales de enclaustramiento y de escape
de tal forma que frecuentemente adquieren una intensidad
obsesiva (1979, 83). Esta intensidad y ansia de libertad se ad-
vierten en Emelina, la que este día de agosto quisiera abando-
nar los confines de su casa, pero no puede hacerlo. Dice

---

[5] George Simmel especula que la mujer, "because of her peculiar func-
tions was relagated to activities within the limits of her home, confined to
devote herself to a single individual and prevented from transcending the
group-relations established by marriage (and) famuly" (citado de Rosado
24).

ella: "¡No puedo irme! ¡No puedo dejar estas cosas!" (70), refiriéndose al espacio doméstico donde ha pasado toda su vida.

Confinada a la geografía de la casa, la vida de Emelina es gobernada por las exigencias del consenso patriarcal de Comitán. La Iglesia es una de las instituciones que sirve para mantener la polarización de los sexos prescrita por el consenso social y así perpetuar el *status quo*. Cuando empieza el relato, por encima de la algarabía propia de un día de fiesta se oye todo un concierto que proviene del tañido de las campanas de las múltiples iglesias que existen en Comitán, las que parecen formar una red sonora que envuelve a todo el pueblo, repique que termina con las notas fúnebres de la torre del Calvario. El sermón de ese día, como el de todos los años, va dirigido contra las mujeres que intentan aprovechar las fiestas de agosto para satisfacer sus necesidades sexuales. Es sintomático que la prédica vaya dirigida íntegramente a la mujer y no se mencione las licencias de los hombres. Por otra parte, la Iglesia utiliza otros mecanismos, tales como el confesionario y los libros de devoción (66, 76) para reforzar la abstinencia sexual de la mujer.

Cabe hacer notar que las demandas impuestas a la mujer por el consenso social no son uniformes sino que varían de acuerdo con la posición social que ellas ocupan. Las ordenanzas de esta sociedad son más severas con las mujeres de la clase media que con las de la clase baja. Esto se debe a que éstas no tienen "mucha honra que perder y ningún apellido que salvaguardar," (62) y por lo tanto no están atadas a anacrónicos atavismos sociales. En cambio, las mujeres de la clase media son las que deben someterse a una completa abstinencia sexual para merecer el rótulo de "señorita decente" (63). Estas mujeres solteras llevan una vida conflictiva ya que deben adecuar su conducta a las normas de la "decencia," sistema de comportamiento que está en desarmonía con sus necesidades internas. Emelina, por ejemplo, que sufre la angustia de "una ansia insatisfecha" (75), envidia a las mujeres de la clase baja "que se lanzan a la corriente y se dejan arrastrar por ella" (67). Este personaje desea para sí la posibilidad del goce sexual que aquéllas puedan tener, aunque por esta misma razón, paradójicamente, las devalúa como personas.

Así, ella castiga a la Estambul, privándola de trabajo, pues no
es el caso –dice– de solaparle "sus sinvergüenzadas" (64).
Emelina condena en esta mujer la valentía que ella quisiera
tener y la libertad de quisiera gozar.[6]

Atrapada por las exigencias de su género y de su clase social, la mujer de esta sociedad no tiene otra alternativa que la
pasividad, la conformidad y la espera. Y como Emelina no
ha sido desposada, carece de identidad, la identidad de la
mujer casada que demanda la sociedad. A este respecto Rosa
María Fiscal concluye que en la obra de Rosario Castellanos,
"el matrimonio dota a la mujer de una jerarquía que antes le
estaba negada. La mujer, que no era, de pronto *es*, tiene
identidad, voz y poder" (149).[7] Decidida a adquirir esa identidad, la protagonista tomará medidas drásticas, las que ella espera pondrán punto final a su soltería. Agobiada por una sociedad que considera la soltería como el estado opuesto a
todo lo que constituye actividad y afirmación de la vida (Anderson 28), Emelina con sus 35 años a cuestas se pregunta si
ésta será su última feria de agosto (65). Ante esta encrucijada,
Emelina encara la posibilidad de una vida sin frutos, o en palabras de Gilbert y Gubar, "the transformation of [the] womb
into [a] tomb" (1979, 88).

Emelina se da cuenta de que ella no es la única en esta situación, ya que en algunas familias las mujeres no se casan
nunca y a medida que pasa el tiempo "se van encerrando,
vistiendo de luto, apareciendo únicamente en las enfermeda-
des y en los duelos, asistiendo—como si fueran culpables—a
misa primera y recibiendo con humildad el distintivo de algu-

---

[6] Alfonso González considera que los personajes de Rosario Castellana
están motivados por "carencias, virtudes y necesidades y que frecuentemente tirantizan a otro más débil en su familia o grupo social, que a su vez
hace lo mismo con alguien más feble creando así un círculo vicioso. Es
como si el personaje endeble se impregnara del comportamiento del más
fuerte al punto de actuar igual con alguien más débil" (107-108).

[7] Este artículo fue publicado más tarde bajo el subtítulo de "Formas de
muerte" en el libro de Fiscal, *La imagen en la narativa de Rosario Castellanos* (méxico, D. F.: Universidad Nacional Autónoma de México, 1980), 49-
71.

na cofradía de mal agüero" (64-65). A las mujeres que se encuentran en este predicamento, la voz narrativa llama "las prudentes, las resignadas" (82), o sea, aquellas mujeres que han internalizado el consenso social a pesar de que éste va en detrimento de su propio desarrollo síquico.

En este ambiente vive Emelina, rebelándose en pequeña escala a las exigencias del consenso social, desdeñando las labores domésticas o rehusando cuidar a su anciana madre porque le repugna el olor de la vejez (71), tareas que deja a su hermana mayor, Ester, quien ha aceptado el consenso social, razón por la cual irónicamente es percibida por la voz narrativa como la "razonable" (66). Pero estas rebeliones le reportan poco beneficio ya que su vida transcurre monótonamente en un pueblo donde todos los días son iguales (64). En este pueblo estático el personaje femenino está destinada a esperar, y Emelina sabe que "esperar . . . es permanecer al margen [de la sociedad]" (67)[8]. Puesto que Emelina percibe su soltería como "irremediable" (62), su insatisfacción sexual se agudiza, tal como lo atestiguan sus sueños, sus entresueños y todas sus acciones durante la vigilia de ese día de agosto, los que dejan entrever una sexualidad a punto de desbordarse.

Como de costumbre Emelina se mira en el espejo en una especie de rito de rejuvenecimiento, para que la contemplación cotidiana absorba los cambios que el paso del tiempo deja en sus carnes y así hacerse la ilusión de que ella es todavía joven, plena, intacta (67).[9] Para Emelina la juventud significa que ella todavía posee la lozanía y belleza requeridas para que algún varón la despose. El personaje femenino se ha convencido a sí misma de que el tiempo no ha dejado

---

[8] En su ensayo "La mujer y su imagen", Rosario Castellanos hace notar que en pueblos como Comitán la espera es "la única actitud lícita de la feminidad" (1973, 14). De igual manera, en su poema "Jornada de la soltera", leemos"... Y la soltera aguarda, aguarda, aguarda" (1972, 175).

[9] Para Gilbert y Cubar, el espejo en el que las mujeres se miran representa el instrumento por cuyo medio la mujer metafóricamente internaliza la voz del patriarcado. Ante el espejo la mujer reproduce no sólo el concepto de belleza establecido por el varón sino también el modo de comportamiento prescrito por el hombre (1972-36-44).

huella en ella, razón por la cual la voz narrativa es quien nos
hace notar que el espejo sólo le devuelve "unos rasgos sin expresión (...) una máscara del vacío" (77).

Como se puede apreciar por lo expuesto, el consenso narrativo se toma para el personaje femenino en un gobierno por la
fuerza, que excluye e ignora las necesidades de la mujer. Ermarth sostiene que en estas condiciones la mujer no participa
en la formación del consenso, sino que es objetivizada por
dicho consenso, el que define su existencia por medio de un
código que no concuerda con la experiencia femenina. La falta
de armonía entre las demandas de la sociedad y la realidad interna de la mujer, no sólo produce una profunda alienación en
la mujer sino que también polariza a la sociedad. En el caso de
Comitán, por ejemplo, se ha tenido que recurrir a la absurda
institucionalización del derrumbe del andamiaje durante las
fiestas para que durante la caída, la mujer, al caer arrastrada por
un alud de cuerpos, tenga la remota posibilidad de disminuir el
espacio que la separa del hombre y así ocultamente hacer aflo-
rar momentáneamente su reprimida sexualidad.

Emelina acepta estas reglas del juego y este año se encuentra en el medio de la vorágine del derrumbe. Pero al
volver de su desmayo y encontrarse en brazos de un hombre,
se dispone a tomar cartas en la satisfacción de su necesidad
sexual. De esta manera ella transgrede las convenciones sociales que el patriarcado ha construido para obstaculizar la
obtención de sus objetivos.

Hasta estas alturas lo que se lee es una narración estática
que presenta la realidad en su acontecer cotidiano --una sociedad patriarcal que oprime a la mujer-- y la acción sólo comienza cuando uno de los personajes desafía el sistema que
gobierna el comportamiento de los comitecos. A partir del
momento en que Emelina recobra el sentido, el relato puede
ser analizado en razón a una oposición binaria cuya dialéctica
es la de estar dentro o fuera del consenso narrativo.

Tan extraña le parece esta situación que Emelina se deja
arrastrar por una especie de vértigo, producto de la cercanía
del varón, y todo lo que le sucede *a posteriori* tiene una cuali-
dad de inverosímil (88) por constituir un comportamiento
nuevo para ella. Sin embargo, a pesar de su aturdimiento, el

personaje se da cuenta de que sus actos *rompen* las convenciones sociales que el patriarcado ha construido para obstaculizar el desarrollo integral de la mujer.

Los últimos pasajes del relato tienen todos los visos de una
batalla en la que Emelina trata de sustraerse de la dinámica
del consenso, mientras que el pueblo de Comitán lucha por
hacer prevalecer los dictámenes del consenso infringido.
Cuando el forastero la lleva fuera de la plaza, Emelina pretende no escuchar la voz de su amiga Concha, quien metafóricamente la llama para que se reincorpore a la norma. Y cuando el hombre la hace entrar en una cantina, lugar que
"ninguna señorita decente pisaría" (88), una vez más ella advierte que su conducta significa un desafío al pueblo entero
(88). Pero a estas alturas ya no parece importarle el qué
dirán, además de que ella sabe que todos ya la han sentencia-
do. Emelina asume abiertamente una postura rebelde a pesar
de que la dinámica cultural internalizada es todavía muy fuerte y esto se manifiesta en, por ejemplo, su incapacidad para
mirar a los ojos de su interlocutor. Por otra parte, lo que más
admira en el extranjero es su voz autoritaria, su costumbre de
mandar. O sea que Emelina está ya dispuesta a obedecer la
voz autoritaria del hombre, de manera que no hay una ruptura total con el consenso sino que el personaje femenino
busca ya reintegrarse a los dictámenes patriarcales después de
su breve rebelión.

Los actos de Emelina son tan inverosímiles que los comitecos no saben reaccionar ante esta situación. Así, cuando el
extranjero pide una botella de chianti y dos copas, el mesero
permanece atónito por la presencia de Emelina en su establecimiento, por lo que no entiende el pedido (89). Emelina
constata una vez más la impotencia de la mujer en esa sociedad: ella sabe que Concha, que ahora la llama desde la calle,
no se atreverá a entrar en la cantina porque una mujer sola
no es capaz de nada. A lo que Emelina añade, "Como yo,
antes de que vinieras" (91, el énfasis es mío). El personaje femenino cree equivocadamente haber dejado atrás el tiempo
del consenso social que la sofocaba para actuar ahora dentro
de su propio tiempo de mujer, el que le proveerá el medio
propicio para su crecimiento y desarrollo. Ilusionada ante la

posibilidad de un cambio de existencia, cuando está a punto
de huir con el extranjero, aparecen Mateo, el hermano de
Emelina, y su amigo Enrique e interrumpen la fuga.

El altercado de Mateo con el forastero rompe el marasmo
del pueblo, que permitía fascinado, que se transgrediera el
consenso establecido. Ahora que los comitecos han recobra-
do su compostura, el pueblo entero se apresta a participar en
la restitución del consenso social. Vale la pena citar del texto
para comprender exactamente la lucha pública que se desata
entre el consenso narrativo y el personaje que pretendió ir
contra ese referente social:

> Emelina quiso intervenir [en la riña] *pero alguno la empujó
> con brusquedad* ... Enrique *la apartó con violencia* de allí.
> La *arrastró* entre *la multitud*, que en vez de estorbarlo, *em-
> pujaba* a Emelina con rumbo a su casa. De nada le valió a
> ella resistirse. Tropezaba a propósito, se dejaba caer. Pero
> implacablemente, *volvían a levantarla y la obligaban a avan-
> zar* unos pasos más. (94, el énfasis es mío)

El uso del pronombre indefinido y los verbos en plural parecen indicar que el pueblo entero se encarga de restituir el consenso social que Emelina ha roto. Por otra parte, el significado
de los verbos subraya la violencia con la que el pueblo quiere
castigar a esta mujer que, en palabras de Enrique, ha deshonra-
do su apellido con un extranjero aprovechado (95). Al final, ella
permanece tirada en medio de la calle aullando "como una loca,
como un animal" (95). El personaje recurre a un lenguaje no inteligible para expresar su fuero interior. Vale decir, como el falogocentrismo no posee la suficiente amplitud para que el personaje femenino exprese su estado emocional, la mujer comunica
su frustración de forma indirecta, simbólica y metafóricamente.
Sin embargo, una vez que el personaje femenino es restituida a
su casa, se la revierte al silencio de donde se atrevió a salir.

Mary Jacobus hace notar que los escritos teóricos del feminismo francés encuentran una estrecha relación entre la codificación lingüística de la represión del placer de la mujer y los
postulados freudianos y su primicia fálica. Dentro de este sistema, la Ley del Padre es codificada siguiendo una perspecti-

va falocéntrica de la realidad, realidad donde la mujer ocupa el lugar del Otro. Ella constituye una alteridad caracterizada por la falta del pene, consecuencia de una supuesta castración. En este esquema teórico, la feminidad llega a ser un término reprimido cuya codificación lingüística se funda en una ausencia, en el silencio o en la incoherencia. Julia Kristeva llama semiótica a este discurso, el que representa la fase pre-edípica, el balbuceo onomatopéyico que precede al Orden Simbólico (Jacobus 12). El relato de Castellanos caería dentro de esta fase puesto que la modalidad discursiva que predomina en él es el monólogo interior. Es decir, Emelina no articula lingüísticamente sus necesidades sexuales porque no tiene quien la escuche. Como ella deviene el único receptor de su discurso, su lenguaje no le sirve para transmitir el mensaje que lleva en su interior. En otras palabras, lo que prima en este relato es el silencio de la protagonista, quien al final de su travesía, cuando adquiere plena conciencia de que su última oportunidad ha pasado, sólo atina a aullar, manifiesta su frustración por medio de un lenguaje incoherente.

Al devolver a Emelina a su casa, el pueblo la sentencia a la soledad, a la soltería; lo que equivale a decir que la destina nuevamente a ocupar el espacio tangencial de donde salió, marginalidad que está caracterizada por la ausencia y el silencio. Tal reversión se debe a que toda desviación de la norma prescrita es considerada como una sinrazón, como una anomalía, situación ante la cual el consenso reacciona inmediatamente para destruir y asimilar a la que osó actuar contra los poderes hegemónicos. El resultado es la restitución del consenso que gobierna la narración.

El texto mismo contiene ya el destino que les espera a las mujeres que buscan cambiar su suerte durante las fiestas de agosto. Ellas "se encierran" dentro de los límites de sus casas (63), y simultáneamente sufren el repudio de hombres y mujeres por igual. Como Emelina ha perdido la última esperanza de contraer matrimonio, suponemos que ella, como otras solteronas, se encerrará en su casa, será olvidada por la sociedad, será como si se hubiera vuelto invisible. Este parece ser el destino de la soltera en un pueblo donde el matrimonio y la maternidad son los únicos estados en los que la mujer

puede encontrar su supuesta autenticidad. La tragedia de
Emelina radica en que la sociedad patriarcal no provee las
condiciones adecuadas para la satisfacción de las necesidades
de la mujer, la que al tratar de reconciliar su propia identidad
se ve forzada a desplazarse cada vez más hacia los márgenes
de la sociedad donde su vida se apaga silenciosamente, espacio donde la mujer más que una presencia es una ausencia,
más que una voz es un silencio.[10]

En esta clase de relatos el personaje femenino no está capa-
citado para cambiar su suerte puesto que el consenso social
actúa fatalmente contra ella. La mujer llega a ser una víctima
de la sociedad, "a female casualty," como llama Elizabeth Ermarth a las mujeres que constatan la existencia del consenso, el
que termina matándolas de soledad (10). Sin embargo, el resquebrajamiento interior que experimenta el personaje no se
debe tanto a faltas o fallas en su constitución sino a los grandes
fracasos orgánicos que prevalecen en la sociedad donde habita, la que no hace nada para fomentar el desarrollo de su identidad, pero sí preside inmutable a su completa desintegración.
La muerte síquica que experimenta, la que hace de ella una víctima expiatoria, irónicamente representa un triunfo para la hegemonía patriarcal y por lo tanto su derrota contribuye a mantener vigente el consenso social que la enajena.[11] Pero por otra
parte, esta clase de personaje llega a ser una especie de testigo
mudo contra una sociedad que ha cometido una serie de injusticias con ella. De esta manera Emelina se erige como un pro-
totipo de la mujer trágica, la que difiere del hombre trágico en
que éste actúa antes de pensar, mientras que la mujer trágica
piensa y sabe que no puede actuar (Heilbrun y Stimpson 68).

El divorcio que experimenta Emelina entre su ego y la
idea que la sociedad tiene de ella provee de por sí un suelo
fértil para que heroínas como Emelina sientan una fuerte pre-

---

[10] En mi artículo, "Los convidados de agosto: Acercamiento a un texto
posible", especulo sobre la suerte que la espera a Emelia después de que
ella es devuelta a su casa.

[11] Northrop Frye llama phamakos a la víctima propiciatoria que tiene
que morir para fortalecer a los otros (148).

disposición a la esquizofrenia. Para entender el impacto de la desorientación que sufre este personaje, citamos la definición de "ego" formulada por Lillian Feder. Para ella

> 'ego' refers to those cognitive processes that produce a conti-
> nuous and integrated recognition of one's physical and men-
> tal existence in relation to time, the external world of nature
> and society, cause and effect. The ego can be regarded as
> the mediator among the manifold expressions of the self–
> unconscious, conscious, impulsive, rational–which allows for
> the discovery of the possibilities and limits of external reality.
> (17)

Puesto que el falocentrismo que gobierna este consenso social contribuye a distorsionar el proceso cognoscitivo y evaluativo del personaje femenino, ésta no sólo tiene que luchar contra la percepción devaluada que la sociedad tiene de la mujer, sino que debido a la falta de armonía entre su realidad mental y el mundo exterior, ella no puede desarrollar una identidad propicia, y mientras dure esta situación continuará siendo codificada como un personaje alienado.

Si bien *a posteriori* se puede reivindicar la imagen de este personaje femenino que acusa silenciosamente al consens social que la destruye, así como se puede aducir que sus acciones contribuyen a afirmar la dimensión erótica de la mujer y que ella trata de rechazar el intento de la sociedad patriarcal de regular la sexualidad de la mujer, no se debe olvidar que en este relato no hay una verdadera trascendencia. Esta afirmación viene corroborada por el tono y la posición que adopta la voz narrativa en su enunciación.

Para empezar, la meta de Emelina es el matrimonio como institución patriarcal, la que está regida por una jerarquía asimétrica que se vuelca en favor del varón. La misma satisfacción sexual que busca está desprovista de una dimensión espiritual y está más bien gobernada por cierta urgencia elemental. Esto se nota en el reportaje que la voz narrativa nos hace de esta situación. Observemos por ejemplo el lenguaje primario, carnal que la voz narrativa utiliza para codificar el entresueño matutino de Emelina:

sentía la respiración de alguien allí. Alguien cuyo rostro no
alcanzaba a distinguir y cuyo cuerpo no cuajaba en una
forma debida. Era más bien una especie de exaltación, de
plenitud, de sangre caliente y rápida cantando en las venas.
Era un hombre (60).

Lo innovador del pasaje citado es que el hombre se convierte en el objeto del placer sexual de la mujer, sentimiento
que sería calificado de indecente en el consenso que gobierna esta narración. El hecho de que el hombre sea percibido
exclusivamente en términos de gratificación sexual es traduci-
do a veces por medio de un lenguaje que mejor parece describir el instinto sexual de los animales. Para Emelina el hombre que tenía al otro lado de la mesa de la cantina
representaba "la presa que había cobrado: un macho magnífi-
co" (88).

La limitación de sus aspiraciones se hace más evidente
cuando Enrique le grita su desprecio, Emelina le responde
que el forastero no le iba a hacer nada malo, sólo le iba a en-
señar la vida (95). Vale decir, el personaje femenino todavía
no trasciende el rol pasivo que el patriarcado le ha destinado.
Ella acepta ser moldeada por las acciones y por las enseñanzas del discurso falocéntrico, los que contribuyen a su alienación. Al final del relato, cuando Emelina adquiere conciencia
de que ha perdido su última oportunidad, la voz narrativa
anota que se pone a aullar "como una loca, como un animal"
(95). No es coincidencia, entonces, que la última impresión
que el lector tiene de Emelina sea la de su animalización, la
que corresponde a la elementalidad de sus objetivos.

Cabe hacer notar que la voz narrativa no se identifica con
las mujeres de este relato, sino que se distancia de ellas. Por
medio de una serie de metacomentarios, crea un tono de
conmiseración hacia estas mujeres desvalidas, solteronas las
unas, resignadas las otras (82), que no poseen dentro de sí ni
la visión ni la fortaleza para cambiar su medio ambiente.
Como la sociedad ahoga el desarrollo de su identidad, estos
personajes femeninos parecen no tener personalidad, sino
"una ansia insatisfecha," necesidades elementales en el mejor

de los casos, o la pasiva aceptación de su posición tangencial y alienante en el peor de los casos, como sucede con Ester, la mujer domesticada, calificada aquí irónicamente de "prudente".[12]

Emelina, pues, no lucha por construir su identidad, sino por satisfacer sus necesidades primarias. A pesar de que éste es un paso hacia la liberación del personaje femenino, el sistema patriarcal impide que se rebasen los límites trazados y castiga severamente a la que intenta transgredir las normas de conducta establecidas. Ante esta intransigencia normativa, la voz narrativa rompe momentáneamente el consenso falocrático al favorecer el derecho de la mujer a la satisfacción sexual, de ahí que califique como una "catástrofe" (94) la fuga frustrada.[13] Sin embargo, como el personaje femenino todavía no ha definido su propia identidad, la voz narrativa no se identifica con Emelina; así se establece el distanciamiento irónico que existe entre estos entes de ficción, los que se hallan en diferentes niveles narrativos.

---

[12] Martha Paley Francescato parece sostener la misma opinión, de que en los cuentos de *Ciudad Real* como en *Los convidados de agosto* los personaje a que aludo, Francescato llama "instinto de autenticidad", el que en *Álbum de familia*, útiliza colección de cuentos de Castellanos, "se convierte en una búsqueda de identidad, en una búsqueda de caminos nuevos que sirven de alternativas a los caminos señalados por un una sociedad inflexible" (115). Por nuestra parte, nos queda añadir que esta búsqueda se hace más notaria especialmente en "Lección de cocina" y en "Álbum de familia".

La bella durmiente de Rosario Ferré pertenece a aquellas expresiones discursivas que incorporan y dialogan con otras manifestaciones artísticas y discursivas como el ballet *Coppelia* de Leo Delibes, *Gisèlle* de Théophile Gautier y el cuento de hadas *La bella durmiente* de los hermanos Grimm. Estos textos entran en una relación paródica con las narraciones que codifican la historia de María de los Angeles. Para lograr dicho fin, los textos del siglo XIX son recontextualizados en las cartas que escriben los diferentes personajes, en las notas sociales de los periódicos y en los pasajes de flujo de la conciencia de María de los Angeles. Esperamos que el análisis de los textos conjugados en la narración de Ferré concretice la vigencia ideológica del discurso falocéntrico. Por medio de una lectura revisionista intentaremos demostrar que la escritura es uno de los sistemas más poderosos que el hombre utiliza para asignar valores y ordenar jerárquicamente la sociedad representada de manera que el varón continúe ocupando el lugar hegemónico.

Ronald Méndez-Clark en su estudio sobre *Papeles de Pandora*, del cual la novela corta *La bella durmiente* forma parte, advierte un fuerte eco intertextual en los relatos de la escritora puertorriqueña, "porque uno de los móviles básicos en (de) la escritura de Ferré es examinar (poner al descubierto/subrayar/ cuestionar/impugnar/rechazar/redefinir/transformar) el modo en que determinados discursos (re)presentan la mujer y lo femenino" (122). Los móviles básicos de la escritura de Ferré que este crítico describe, corresponden a las características de la parodia. Linda Hutcheon define la parodia como un discurso que repite a otro pero con una diferencia crítica; es–dice ella–una estrategia discursiva que enfatiza más las diferencias textuales que sus similitudes (1985, 6).

Por otra parte, *La bella durmiente* es una metaficción, la que Robert Alter denomina auto-consciente, o aquella ficción que al llamar la atención a su proceso diegético, indaga la problemática relación que existe entre el artificio literario y la realidad que representa. Dicha definición recalca el hecho de que la literatura es una crea-ción artificiosa, un (arte)facto creado. En el caso de Ferré, ella utiliza un cuento de hadas y dos libretos de ballet, textos que existen en nuestra realidad con los cuales arma artísticamente su relato. Esta intertextualidad crea una continuidad entre la ficción y la realidad, relación que es aludida por la segunda parte de la definición de Alter, que dice que en la metaficción se problematiza la relación entre la realidad y la ficción. Lo que nos proponemos, entonces, es analizar, primero, la relación paródica que existe entre el texto de Ferré y los otros que incorpora en su relato y, segundo, llamar la atención al contexto en el que se inscriben dichos discursos para establecer las posibles relaciones que existen entre textos y contextos.

Como la parodia es una estrategia por medio de la cual un discurso repite a otro a fin de diferenciarse de él críticamente, uno de sus objetivos es el de comparar los aspectos formales de dos textos para diferenciar las convenciones literarias vigentes cuando los textos en cuestión fueron codificados. El propósito de la parodia radica en hacernos notar simultáneamente el sistema de convenciones literarias pretéritas y el ambiente cultural en el cual dichas convenciones se codifican. A este respecto Hutcheon sostiene que la teoría moderna de la parodia debe considerar que los textos que en-

tran en una relación paródica pueden ser completamente en-
tendidos sólo si se los considera teniendo en cuenta la tradición que los produce. Por lo tanto, todo análisis que utilice
la parodia como estrategia interpretativa no puede dejar de
examinar el contexto que produce un determinado texto. Por
otra parte, los lectores que se enfrentan a un texto de esta naturaleza debe tratar de descubrir el propósito que motivó al/a
la codificador/a a parodiar otro(s) texto(s) (1985, 22-24).

Siguiendo un raciocinio similar, Patricia Waugh considera
que el capital cultural de la parodia radica en la pertinencia
que la lectura de un texto paródico pueda tener en los lectores situados en diferentes puntos históricos. Como ya se
habrá deducido, en último análisis la parodia es resuelta por
los lectores, los que sopesan la indeterminación del texto, el
cual fuerza a la persona que lee a revisar sus rígidas pre-
concepciones basadas en caducas convenciones literarias y
sociales para llegar a una nueva síntesis. El/la que lee, entonces, tiene que contrastar un sistema de códigos antiguos a
la luz de otros paradigmas más contemporáneos y re-
novadores (67). En la praxis, la parodia está basada en co-
dificaciones diacrónicas, las que son posibles gracias al paso
del tiempo, el que asimismo explica la mutabilidad
(con)textual. En la parodia, los lectores activamente tratan de
reconciliar el pasado con el presente al reconstituir los textos
a partir de un nuevo sistema de valores. Por tanto, el proceso
de la lectura debe concluir con una nueva visión, revisión
que le da al texto una nueva significación.

Para diferenciar los hipotextos del texto primario,[1] Ferré
utiliza diferentes tipografías, cambia de modalidades narrativas y de estilo y juega con la técnica de la focalización.[2]

---

[1] La tipología texto primario e hipotexto proviene del libro de Mieke
Bal, Narratology. Si bien en la versión inglesa se utiliza únicamente "texto
enmarcado," nosotros preferimos el término "hipotexto" de la versión francesa.

[2] En Reading Frames in Modern Fiction, Mary Ann Caws describe las diferentes estrategias de las que se valen los/las escritores/as para pasar del
texto primario al hipotexto.

Al margen de estas estrategias escriturales, estos hipotextos
aparentemente cumplen tres funciones: primeramente, avan-
zan la historia de María de los Angeles, la protagonista; segundo, relacionan paródicamente unos discursos codificados
anteriormente con el de Ferré–discurso posterior a los parodiados–con el propósito de crear una síntesis renovadora, y
tercero, relacionan los textos con sus contextos. Las dos primeras funciones se harán aparentes a medida que se lea este
capítulo. En cuanto a la tercera, el primer hipotexto nos informa por ejemplo, del éxito alcanzado por María de los Angeles en su papel de Swanhilda en el ballet de Leo Delibes,
Coppelia. Este hipotexto, que toma la forma de una reseña social, está impresa a dos columnas para dar la apariencia de
que lo que se lee es el recorte de un artículo de periódico
(146-49).

Para analizar la tercera función de los hipotextos, pa-
rafraseamos los textos parodiados. En *Coppelia,* Swanhilda
está enamorada de Frantz, pero éste está prendado de una
joven misteriosa y bella, a quien se ve cada mañana en el bal-
cón de su casa, sentada siempre en una misma postura.
Swanhilda, que ha logrado entrar en la casa del viejo Cop-
pelius, descubre que Coppelia no es más que una marioneta
creada por el viejo. Cuando Frantz se entera del engaño, se
reconcilia con Swanhilda y ésta le perdona su desvarío. Poco
después se celebra la boda. El texto de Delibes termina con
estas palabras: ""Discord is dispelled and with the evening
hours and night, begin pleasures and joys" (31), o sea que el
matrimonio es la antesala de la felicidad. Sin embargo, durante la representación del ballet, María de los Angeles, que
tiene a su cargo el papel de Swanhilda, se sale del libreto, altera el desenlace, y así asigna nuevo significado a los códigos
vigentes. De esta manera Rosario Ferré transcontextualiza los
discursos para crear una repetición que posea al mismo tiempo una diferencia y un distanciamiento crítico.

Cuando María de los Angeles en su papel de Swanhilda
descubre la naturaleza de Coppelia la destruye a martillazos y
luego se sale del libreto al comenzar a girar *vertiginosamente*
por el escenario, decapitando a los otros muñecos y haciendo
un ruido espantoso con la boca. Parecía como si se le hu-

biera reventado un resorte en la espalda poniéndola *fuera de control* (148). Merriam-Webster define el vértigo como "a disturbance which is associated with various known diseases or due to unknown causes." A esta definición Mary Daly añade que la palabra "disturbance" deriva del latín *dis y turbare*, que significan "to throw into disorder" (1978, 414-15). Así pues, la improvisación de María de los Angeles constituye un intento por desordenar, trastrocar y trascender el argumento del libreto que ella como bailarina necesariamente tenía que seguir. Cuando ella se marcha por la platea, dejando a la audiencia asombrada, reniega del teatro, renuncia a la literatura que considera el matrimonio como la única posibilidad existencial de la mujer. Por otra parte, al rechazar el comportamiento de la mujer prescrito por este ballet, María de los Angeles parece indicar que dicho discurso es alienante y que no corresponde a los auténticos deseos de la mujer. En otras palabras, ella no cree que el personaje deba perdonar la deslealtad de Frantz para dar lugar al matrimonio.

Tres días después del espectáculo la Reverenda Madre Martínez escribe a don Fabiano, padre de la joven, insistiendo que debe prohibírsele el baile a María de los Angeles por ser una actividad impúdica que roza en lo lascivo. En esta carta, primero, la monja trata de soterrar a la niña aludiendo a una vocación religiosa que María de los Angeles está muy lejos de sentir. Segundo, glorifica la abnegación y el sufrimiento en esta tierra como una manera de asegurarse la entrada a los cielos (150-51).[3] Cabe decir, la Iglesia todavía pretende hacer de la mujer una víctima propiciatoria, aquella que se sacrifica por los demás a costa de su propia vida.

Los padres de la joven responden a la monja que ellos han decidido sacar a María de los Angeles de la academia de ballet y prohibirle el baile. Pero en su carta escriben, "nuestro

---

[3] En mi artículo, "Sexualidad y religión: Crónica de una rebeldía esperada" dejo constancia de que la Iglesia demanda abnegación, resignación y sufrimiento sólo de la mujer. Analizo también el condicionamiento religioso-cultural implícito en los nombres propios. En este caso se espera, por ejemplo, que María de los Angeles se sacrifique como la Virgen María, y que sea obediente como un ángel bueno.

verdadero deseo es (...) ver a María de los Angeles, ni bailarina ni religiosa, [sino] rodeada de hijos que la consuelen en la vejez" (153). Los padres libran a su hija del convento, pero simultáneamente intentan confinarla dentro de la geografía doméstica e imponerle el rótulo de madre. Lo significativo es que tanto la Iglesia como la autoridad paterna tratan de amoldar el comportamiento de esta joven sin consultarle su parecer. Al prohibírsele el baile, María de los Angeles cae enferma y se pasa durmiendo diez días y diez noches, los que multiplicados corresponden a los cien años del cuento de hadas *La bella durmiente*.

Desde sus orígenes, el propósito de los cuentos de hadas ha sido el de divertir a niños y niñas, pero al mismo tiempo se ha buscado instruirlos ideológicamente, *moldear su naturaleza interna con arreglo a determinados códigos* (Zipes 1983, 18). Los moldes prescriptivos que se trata que los niños internalicen pertenecen usualmente al orden falocrático, en lo social, y al capitalista, en lo económico (Zipes 1979, 29). Como los cuentos de hadas forman parte integral del proceso formativo, las mentes de los niños y niñas absorben sistemática e inconscientemente las formas de socialización prescritas en estos discursos y aceptan sus principios como verdaderos (Ben-Amos X-XI). Los niños y las niñas, pues, internalizan la realidad falocéntrica de los cuentos de hadas, lo que hace posible el modo asimétrico de socialización que prescribe la acción para el varón y la pasividad para la mujer.

Cuando en el siglo XVII Charles Perrault escribía cuentos de hadas, su propósito era que estos relatos sirvieran como modelos dogmáticos de comportamiento para los infantes de la corte. Para este escritor, *la femme civilisée* ideal de la clase social alta era bella, cortés, graciosa, hacendosa y pulcra, y que sabía controlarse en todo momento. Sobre todo, ella debía tener paciencia hasta que llegara el hombre apropiado, el que se daría cuenta de sus virtudes, las que lo predispondrían a desposarla. En consecuencia, los cuentos de hadas que tienen a una mujer como protagonista culminan en el matrimonio o en la muerte de ésta como únicos desenlaces posibles. El personaje femenino, entonces, vive por y para el hombre, en cambio los personajes masculinos salen en busca de aventuras y riquezas, por lo que los cuentos de hadas les instan a que adopten los dictámenes de la clase dominante, o sea la patriarcal. Para asumir esta posición de privilegio innato se les dota de inteligencia, valor, ambición, y su ascensión social llega a ser una recompensa por su industria. Para los varones la acción y el éxito social toman primicia sobre ganarse una esposa. En general, en los cuentos de hadas la mujer espera mientras que el hombre actúa. Tal diferencia en el proceso de socialización nos lleva a concluir que los personajes femeninos de los cuentos de hadas no sólo están privadas de entrar en la aventura sino que ellas tampoco juegan un papel importante en las acciones de los personajes masculinos. El resultado de esta asimetría es que únicamente el varón tiene la potestad de conferir un propósito existencial a la mujer (Zipes 1983, 26). Como veremos, este modo de socialización es el que se trata de imponer a María de los Angeles.

Para ilustrar la vigencia del condicionamiento social de los cuentos de hadas, en el segundo hipotexto Rosario Ferré incorpora elementos de *La bella durmiente* de los hermanos Grimm. A diferencia del hipotexto "Coppelia" (acápite I) que está delimitado por un marco, "La bella durmiente" (acápite II), trasciende su marco para hacer resaltar las similitudes que existen entre este cuento y la situación en la que se encuentra María de los Angeles. Cabe subrayar que al leerse un texto en contraposición a otro debe tenerse siempre en cuenta la posición diacrónica de ambos discursos. Si bien la acción del cuento de hadas tiene lugar en un palacio real, para transcontextualizar este discurso a un tiempo contemporáneo y así evitar discordantes anacronismos, el relato de Ferré nos presenta una posición social equivalente: la de la burguesía adinerada. Con este propósito, afirma Ivette López Jiménez, el código referencial del texto de Ferré captura la condición de la mujer que vive sujeta a la ideología de dicha clase social (47).

Como en el cuento de hadas, María de los Angeles posee gracia, belleza y riquezas, tal como se anota en la reseña social del periódico. La maldición de la décimatercera madrina también tiene su paralelo en la carta que la Reverenda Madre Martínez escribe a don Fabiano, padre de la joven, instándole

a prohibirle el baile. Como consecuencia ella enferma hasta
que es despertada por Felisberto, quien gana el derecho de
desposarla. Antes de considerar las demandas que se im-
ponen al personaje femenino, conviene analizar la naturaleza
del condicionamiento social que se desea lograr con *La bella
durmiente*.

Este cuento de hadas dramatiza el desarrollo sicológico de
la mujer, la transición de la niñez a la adolescencia (Lüthi 24),
esa etapa en que la joven se retrae al notar una serie de cambios hormonales y físicos que culminarán con su madurez sexual (Bettelheim 225-36). Fiel al espíritu de la letra del cuento
de hadas, la versión de Ferré abunda en simbología freu-
diana. La concentración en la genitalia femenina, simbolizada
por las escaleras de caracol, las puertas o los túneles, y en el
falo masculino, representado por la torre, la llave o el huso,
contribuyen a puntualizar el despertar sexual de la mujer,
quien después de su ensimismamiento –el que equivale al
sueño del relato– se interesa por el sexo opuesto. El sangrar
al pincharse el dedo correspondería a la primera menstruación de la joven, quien ahora se halla capacitada para
procrear.

Bruno Bettelheim sostiene que una joven "despierta" sólo
cuando puede relacionarse positivamente con otro, en caso
contrario, dicha persona se pasaría el resto de su vida "durmiendo." En la ficción, la joven es despertada por el beso del
príncipe azul, beso que, dice Bettelheim, "breaks the spell of
narcissism and awakens a womanhood which up to then has
remained underdeveloped. Only if the maiden grows into a
woman can life go on" (234). Y añade más adelante, que la
primera menstruación es en realidad una bendición puesto
que faculta a la mujer para procrear, capacidad que él considera como "the highest level of existence" (235), y "the in-
carnation of perfect femininity" (236). Si bien Bettelheim describe la extraordinaria capacidad de la mujer de concebir una
nueva vida, en *La bella durmiente* María de los Angeles no se
opone al matrimonio en sí, sino a la maternidad, ya que ésta
obstaculizaría su dedicación completa a la danza.

Recordemos que el padre de María de los Angeles quiere
que ella se case principalmente para que le dé un nieto que

herede su fortuna, y para que ella envejezca rodeada de sus hijos. Aquí se produce la ruptura entre el texto de Ferré y el cuento de hadas, pues el personaje de Ferré rechaza el rol tradicional de la mujer para dedicarse a la danza. Cuando María de los Angeles se entera de la prohibición paterna de no dejarla bailar más, cae en un sopor. La pesadilla que tiene durante su sueño no se debe a lo dramático de su despertar a la vida sexual sino a su incapacidad de reconciliar sus necesidades internas –su deseo de dedicar su vida al baile– con las imposiciones externas. El conflicto parece resolverse cuando en el hipotexto "La bella durmiente", Felisberto, el novio, le sopla al oído que cuando se casen él le permitirá seguir bailando. La besa en la mejilla y ella despierta.

Desde el momento en que se formaliza el noviazgo, la maquinaria patriarcal se pone en movimiento para forzar a María de los Angeles a que asuma la función de la mujer tradicional. Por ejemplo, su madre le ofrece un álbum de bodas con recortes de periódicos. A manera de dedicatoria Elizabeth escribe: "Para mi hijita adorada, para facilitarle su entrada al reino de las novias, antesala del reino de los cielos" (161). Dicho álbum contiene ideas para el *shower*, información sobre el parto sin dolor, sugerencias de regalos de bodas de tipo culinario, todo destinado a atar a la mujer dentro de un ámbito doméstico. Al pie de las fotografías de la boda ella escribe leyendas como "¡Casados al fin! ... ¡Un sueño hecho realidad! . . . ¡Ahora ya es por fin una señora!" (162-64). La madre, condicionada por una larga tradición patriarcal, considera el matrimonio como la única y la más alta finalidad de la mujer. Es más, ella viene a ser la encargada de transmitir todo este sistema de valores a su hija para que ella adopte las normas de la mujer tradicional.

El tercer hipotexto, basado en el ballet de Théophile Gautier, *Gisèlle*, toma la forma de un monólogo interior durante la ceremonia de bodas. Mientras se realiza el ritual, María de los Angeles se la pasa ensimismada, pensando en la suerte de Gisèlle, quien sacrifica su vida por seguir su destino de bailar por toda una eternidad. Por asociación,

María de los Angeles estima que la institución del matrimonio, tal como está prescrita por el sistema patriarcal, es de alguna manera incompatible con su vocación de bailarina. Ante este inminente peligro, ella quisiera seguir el ejemplo de Gisèlle y seguir a las willis que se desvanecen por entre los pliegues de su imaginación y desde allí la llaman. Pero ya es tarde porque su marido la toma del brazo y la fuerza a desfilar por la nave central de la iglesia (167).

Resulta obvio que el contenido de los tres hipotextos que Ferré incorpora en su relato tienen mucho en común: constituyen experiencias de literatura fantástica cuyo tono es propio de los cuentos de hadas; sus contenidos presentan historias de amor que predicen una futura vida feliz o que culminan en el matrimonio. Estos discursos intertextuales devienen poderosos mecanismos utilizados por el sistema patriarcal para transmitir y prolongar un modo de vida que favorece íntegramente al varón. Rosario Ferré no se equivoca cuando señala en su estudio sobre "El cuento de hadas" que esta clase de literatura conforma la representación antiquísima de los eternos dramas del hombre. Dicho discurso encarna una experiencia cumulativa, un esfuerzo por preservar la "sabiduría" del pasado, la que es transmitida de generación en generación. En este sentido, afirma Ferré, los cuentos de hadas son como los mitos (1980, 37). Estos contienen los valores de una larga tradición falogocéntrica y ayudan a perpetuar dicho sistema, limitando así las opciones existenciales de la mujer. En este sentido, la recontextualización de *La bella durmiente* también parece tener como propósito demostrar que el discurso folocéntrico constituye un poderoso recurso destinado a codificar un orden social asimétrico.

De lo anterior se podría inferir que el propósito de Rosario Ferré es cuestionar la ideología del logos mismo. El hecho de que el falogocentrismo discrimina sexualmente puede ser fácilmente comprobado en los textos parodiados (los ballet y cuento de hadas), discursos que influyen ideológicamente en las cartas y reseñas sociales escritas específicamente para amoldar el comportamiento de María de los Angeles. En las cartas se prescribe que María de los Angeles se haga monja o se case, y las reseñas sociales que aparecen en el periódico *Mundo Nuevo* dan más importancia a la ropa que llevan las mujeres que a su mundo interior. En otras palabras, la mujer deviene un objeto decorativo cuyo valor radica en su apariencia exterior (146-47).

La intertextualidad permite relacionar no sólo dos textos, sino también dos tiempos, los que se conjugan en una relación dialógica. La hipótesis que sostenemos es que los textos que se relacionan, uno de los cuales es codificado con anterioridad respecto al otro, permiten asimismo vincular diacrónicamente los contextos en los que los discursos se inscriben. En el caso del texto de Ferré, los referentes de la ficción revelan que el falogocentrismo continúa ejerciendo su poder sobre la articulación discursiva. En otras palabras, la larga tradición escritural y su contexto todavía son ordenados de acuerdo a la economía patriarcal. Para probar esta aserción referimos al intercambio epistolar del relato.

El intercambio epistolar es llevado a cabo por la Madre Superiora —agente de la Iglesia— y por los hombres —el padre y el esposo de María de los Angeles. Sin excepción, todos estos escritos están destinados a marginar a la mujer de la esfera pública para así perpetuar una economía ventajosa para el hombre. Estos discursos, como los anteriores, propician la producción de una ideología, la fabricación de un sistema de verdades que representa la recodificación normativa del sistema patriarcal (Foucault 1980, 93, 101-02).[4] Como en los cuentos de hadas, estos discursos tratan de encerrar a la mujer dentro de la geografía doméstica—lo privado—y consecuentemente intentan excluirla de la esfera pública. Por ejemplo, cuando la Madre Martínez escribe a María de los An-

---

[4] Remitimos al capítulo, "Two Lectures" en Power/Knowledge, de Foucault para ver las estrategias utilizadas por el poder en la práctica de la opresión, situación que bien puede aplicarse a la subyugación de la mujer a manos del hombre.

geles después de su matrimonio, insiste nuevamente en que deje el ballet para dedicarse "en cuerpo y alma" a su hijo, y afirma que esta vida es "un valle de lágrimas" necesario para ganarse la recompensa eterna (172-73).

La verdad que se trata de perpetuar por medio de la escritura corresponde a los dictámenes del sistema patriarcal, sistema que polariza al hombre y a la mujer en una ecuación asimétrica, relación que constituye el núcleo orgánico de las numerosas cartas que don Fabiano escribe a la Madre Martínez. Para empezar, éste se lamenta de haber tenido una hija y no un hijo, ya que él hubiera sabido hacer multiplicar su fortuna (153). Como se puede apreciar, la verdad que se preconiza, la que es tan vieja como los cuentos de hadas, es que la acción es el privilegio del varón: a él le corresponde ganar riquezas --ganar reinos-- mientras que la mujer está destinada a la pasividad. Siguiendo la ideología patriarcal, don Fabiano sostiene que "las niñas son siempre un consuelo y una mujer educada, de intelecto pulido, es la joya más preciosa que un hombre puede *guardar* en su hogar." Y luego continúa: "solamente (...) cuando la vea [a María de los Angeles] casada, *protegida* en el seno de ese hogar como lo fue en el nuestro, junto a un marido que sepa conservar y multiplicar su herencia, me sentiré tranquilo" (154, el énfasis es mío). De lo anterior se deduce que para el padre de María de los Angeles el matrimonio no es más que una mera transacción de negocios. Al casar a su hija, consigue no sólo un yerno sino más que todo un socio capitalista. Esta concepción mercantilista del matrimonio es compartida por Felisberto, el esposo de María de los Angeles, quien al escribir a su suegro sobre el fracaso de su matrimonio, dice, "mi matrimonio no es sino otra empresa más de la cual yo, cuésteme lo que cueste, voy a hacer un éxito" (177). En este mundo de negocios, la mujer es objeto de intercambios, "la joya más preciosa" que pasa de manos del padre a la del marido--"usted me la entregó en el altar todavía una niña," escribe Felisberto en su carta (177). La conclusión a la que llega Jennifer Waelti-Walters define perfectamente esta situación: que la mujer "is the ultimate symbol of capitalism: produced by the father and sold in the market place, she is then consumed by her husband" (78).

Por otra parte, la carta de Felisberto inconscientemente alude al plan ancestral de socialización asimétrico concebido por la línea patriarcal. Felisberto escribe: "usted ha sido siempre mi mejor aliado, mi brújula en cómo tratar a María de los Angeles, en cómo llevarla por el camino sano con tanta dulzura que ella misma no pueda darse cuenta de que todo ha sido previsto" (173). El pasaje sugiere una confabulación secreta pero sistemática destinada a atrapar a la mujer dentro de una red de normas que por la delicadeza con la que es implantada, da la apariencia de tener como propósito contribuir al bienestar de la mujer. En ese mundo de transacciones comerciales, el marido ofrece a su mujer ropa, una casa donde vivir, coche y servidumbre a cambio de "su conformidad y aceptación," a trueque de ser simplemente "esposa y madre" (175). Bástenos afirmar que la esposa de don Fabiano ha sido amoldada según este patrón, por lo que ella desaparece detrás de la autoridad del marido, perdida detrás del "nosotros" que él utiliza a veces en sus cartas.

María de los Angeles no acepta estas expectativas sociales que la limitan, razón por la cual ella se rebela contra los mecanismos del poder--las enseñanzas de la Iglesia y las demandas de la autoridad paterna--y contra sus manifestaciones discursivas, sean éstas las que provienen de los tiempos antiguos, o sus articulaciones más recientes. María de los Angeles rechaza el papel tradicional de la mujer, el de ser una buena esposa y madre, para dedicarse exclusivamente a la danza.

Felisberto trata de obstaculizar la actividad de su mujer a cada paso: preocupado por su necesidad de sucesión masculina y ante la negativa de María de los Angeles a la maternidad, el marido la viola para preñarla --"la forcé carajo (...) le hice la barriga a la fuerza" -- le escribe a su suegro (175). A los nueve meses exactos después del matrimonio le nace un hijo.

Pero María de los Angeles vuelve a la danza y, según Felisberto, el deseo de ser bailarina se convierte en la razón primordial de su fracaso matrimonial. Si bien antes de la boda éste había prometido a su mujer que la dejaría continuar con el baile, él contaba con que ella, una vez ca-

sada, sentaría cabeza, encontraría esa conformidad y aceptación que hace que las mujeres lleguen a ser buenas es-
posas y madres (175). La confusión de Felisberto se debe
a que él considera a su mujer como algo anómalo. A este
respecto sostiene Michelle Zimbalist Rosaldo que como la
norma de la cultura es dictada por el hombre, cualquier
desviación representa una anomalía y por lo tanto viola el
sentido del orden de la sociedad. Tal desorden, entonces,
es considerado por el varón como amenazante, obsceno y
equivocado (31).

María de los Angeles tiene que luchar contra toda una
tradición que le recuerda a diario "lo equivocado" de sus
actividades. La doble imposición, divina y humana, que se
opone a la danza, produce en el personaje un estado de
crisis nerviosa que raya en la esquizofrenia puesto que el
personaje experimenta su ego como dividido, enajenamiento que la aisla de los demás.[5] Al no poder conciliar su doble función de bailarina y madre, o sea sus necesidades internas y las imposiciones externas de la
sociedad, María de los Angeles no se encuentra en armonía
dentro del mundo que la rodea y como consecuencia experimenta un resquebrajamiento interior. El marido nota
que la expresión de su cara parece vaciada de todo pensamiento, que ella le mira con las pupilas dilatadas, pero se
niega a hablar cuando se le dirige la palabra (176-77).
Una vez más el personaje femenino se encierra dentro de
un mutismo que exaspera al varón. Sin embargo, la di-

---

[5] R. D. Laing en su libro, The Divided Self define esta condición mental
de la siguiente manera: "The term schizoid refers to an individual the to-
tality of whose experience is split in two main ways: in the first place, there
is a rent in his relation with his world and, in the second, there is disruption
of his relation with himself. Such a person is not able to experience himself
'together with' others or 'at home in' the world but, on the contrary, he ex-
periences himself in despairing aloneness and isolation; moreover, he does
not experience himself as a complete person but rather as 'split' in various
ways, perhaps as a mind more or less tenuously linked to a body, as two or
more selves, and so on" (15).

ferencia entre este relato y los que hemos analizado en los anteriores capítulos radica en que ahora, cuando el personaje femenino opta por el silencio como un acto de rebeldía, la voz narrativa nos permite entrar en el mundo interior del personaje al recurrir al flujo de la conciencia como estrategia discursiva.

Estos pasajes de focalización variable entre la voz narrativa y el personaje, que empiezan *in medias res* y que no incorporan puntuación alguna, no sólo subvierten el orden de los discursos tradicionales sino que al mismo tiempo inscriben formalmente el desequilibrio mental al que es empujado el personaje femenino por una sociedad que trata de impedir su desarrollo integral. Por primera vez en este relato el lector tiene acceso al logos femenino en frases significativas como "bailar es lo que más me gusta en la vida sólo bailar" (149). También nos enteramos de su identificación con Carmen Merengue, la volatinera (149-50, 180), a quien, como una moderna willis, sólo le importa bailar (150).

El conflicto interior que experimenta el personaje a causa de la aparente incompatibilidad entre ser señora y bailarina es una lucha que el personaje emprende a diario.[6] Ante la constante resistencia externa llega un momento en que María de los Angeles misma parece dudar de la cordura de sus acciones, entonces ella parece tomar partido con sus agresores, parece internalizar la ideología patriarcal. En su caso, este sistema le recuerda de muchas maneras lo

---

[6] En el poema "La bailarina," que precede inmediatamente al relato que analizamos, Ferré escribe:
. . . una señora bien educada no baila
te clavaron gemelos en los ojos y tacos en los pies
te colgaron los brazos de carteras y las manos de guantes
te sentaron en palco rojo para que vieses mejor
te sirvieron un banquete de cubierto de plata
y te dieron a almorzar tu propio corazón . . .
te levantaste gritando no puedo
vomitando carteras tacos joyas guantes
arrastrando tu ira por todas las calles
gritando aunque me duela y el niño llore yo bailo . . . (141-42)
Este poema es emblemático de la situación de masía de los Angeles.

"errado" de su camino. Por esta razón y por haber abandonado a su hijo por el baile, ella se siente culpable, se odia, de manera que su espíritu agresivo se torna sobre sí en un movimiento autodestructivo[7]. En esta encrucijada, María de los Angeles concluye que su única alternativa es la muerte. Para lograr su objetivo, para castigarse y para castigar a los que la empujaron al borde de la locura, recurre a la economía falogocéntrica para llevar a cabo su plan: escribe el drama de su propia tragedia, de manera que deviene autora y víctima de su propio texto. Desde este momento, su esposo y sus padres llegan a ser personajes del teatro falocrático que ella crea. Los anónimos que ella envía a su marido, en los que acusa a su mujer de entrar en un hotel vestida de sirvienta para supuestamente encontrarse con un hombre, constituyen parte de dicho libreto teatral (144-46).

En los anónimos que envía, María de los Angeles asume la posición ideológica patriarcal, aquélla que impone a la mujer demandas que van contra su integridad ontológica. Escribe que al entrar al hotel la mujer de Felisberto corre el riesgo de manchar su reputación sin necesidad. Y continúa, "Usted sabe que la reputación de la mujer es como el cristal, de nada se empaña. A una no le es suficiente ser decente, tiene ante todo que aparentarlo" (145). Escribe los anónimos porque, supuestamente es lo único "decente" que puede hacer ante la situación (144).

---

[7] En las palabras de Mary Daly, la mujer que experimenta las consecuencias de un "state of possession . . . becomes autoallergic, re-acting against the body's own tissues, the spirit's own process. Pathologically re-acting against her own endogenous powers of resistance to invasion, she sides with her invaders, her possessors. Her false self possesses her genuine Self. Her false self blends with the Possessor who sedates his beloved prey" (1978, 337). Por su parte, Annis Pratt en su libro Archetypal Patterns in Women's Fiction concluye que "In women's fiction . . . [the subconscious] seems to bring with it from the social world the approbrium for woman-hood associated with sexism, infusing characters with self-loathing. Women heroes often blame themselves for their own normal human desires, warping their quests for Eros, for example, by internalizing patriarchal norms about feminine sexuality. For women, the shadow of self-hatred is tremendously strengthened by complicity with society" (1981, 141).

En el teatro de su desesperación, María de los Angeles hace el papel de prostituta, de la mujer que anda por ahí en busca de hombres "como una perra realenga" (145). Su texto contiene una serie de reversiones: como antes su marido la prostituía económicamente, ahora ella escoge el derecho de prostituirse; antes él trataba de decidir por ella, ahora María de los Angeles es dueña de su propio destino; antes él cometía violencia (violación) contra ella, ahora ella le forzará a cometer violencia contra ella en el escenario que ella prepara. Sin embargo, el trágico rol de prostituta que asume no corresponde a su realidad, como tampoco antes el papel de esposa doméstica y madre correspondía a su naturaleza. Puesto que María de los Angeles es forzada a actuar en papeles que no armonizan con su núcleo vital, sufre las consecuencias de una especie de esquizofrenia.[8] Dicha ambigüedad es codificada por medio del flujo de la conciencia, el que traduce la turbulencia de su estado interno.

En el último pasaje de este relato los recuerdos se agolpan en la mente de María de los Angeles obsesiva y desordenadamente, los que nos presentan otra perspectiva del proceso de marginalización que exitosamente ha contribuido a la enajenación del personaje:

> te dije que bailar estaba prohibido sigue insistiendo y verás cómo te rompo la prohibido estaba prohibido . . . despiértate amor mío quiero que te cases conmigo te dejaré bailar . . . no por favor no me preñes te lo ruego Felisberto por lo mas (sic) que tú cabrón eso está cabrón . . . ¿qué será de mi niño bonito sin su madrecita . . . repite con devoción ni Coppelia ni Bella Durmiente ni este mundo es un Valle de Lágrimas el otro es el que importa hay que ganárselo ofreciendo los sufrimientos . . . ni protegida ni dulce ni honrada ni tranquila

---

[8] El desfase entre lo que María de los Angeles es y lo que la sociedad quiere que ella sea es similar a la incongruencia que existe cuando María de los Angeles reza a la Virgen María—"bendita sea tu pureza . . ." sobre el cuerpo del hombre dormido con el que acaba de prostituirse (179).

María de los Angeles tú tranquila de cascarón de huevo el dinero se hace de cascarón de huevo ni sometida ni conforme
ni (184-86)

Al llegar aquí la narración simplemente termina sin un
punto final. Su vida es cortada por una bala. Una vez más,
el personaje femenino es empujada a los márgenes del heterocosmos donde toda redención es imposible y donde ella
es destruida.

María de los Angeles manipula los registros del discurso
patriarcal para atraer a su marido al teatro de sus contradicciones. El propósito de su plan queda explícito en el siguiente pasaje: "porque no me conformo Felisberto porque
me traicionaste y por eso te he traído aquí para que me vieras
y se lo contaras a papá . . ." (185). Su plan tiene dos partes:
primero, Felisberto como espectador se verá objetivado, re-
bajado, sustituido por el hombre desnudo dormido sobre un
sofá. Es decir, María de los Angeles castiga a su marido al pri-
varlo de su exclusividad fálica sobre ella, hecho que se clava
en el centro mismo de su machismo. Segundo, los actos de
María de los Angeles están designados para producir dis-
curso--"te he traído aquí para que (...). se lo contaras a
papá"--discurso que tiene por objeto hacer que el padre sienta remordimiento por los errores que ha cometido. Sin embargo, ella paga con su vida haber manipulado el código falocéntrico, puesto que el machismo demanda el castigo de la
adúltera. María de los Angeles muere murmurando su lema,
"ni sometida ni conforme" (186). Es el último pensamiento
que cruza su mente en el instante en que su vida es cortada
por una bala asesina.

Si bien el relato termina con este suceso para así concluir
en el punto de mayor intensidad, cronológicamente once
meses después don Fabiano escribe a la Madre Martínez con-
tándole los hechos ocurridos. Vale decir, los actos de María
de los Angeles producen discurso, pero no el esperado, ya
que el recuento que hace don Fabiano de los hechos no concuerda con la realidad narrada anteriormente por la voz narrativa (178-80) y reiterada en parte por el flujo de la conciencia de María de los Angeles. En el texto no se codifica
directamente la llegada de Felisberto al cuarto del hotel ni las

circunstancias que culminan con la muerte de su esposa, sino que el llamado "accidente monstruoso" (181) es recreado en la carta que don Fabiano escribe. Allí se nos dice que Felisberto había intentado escarmentar a su esposa en el cuarto de ese hotel por haber abandonado a su hijo. El coreógrafo, que supuestamente se encontraba allá, salió en defensa de la bailarina y empujó al marido contra la pared fracturándole el cráneo al momento en que él sacaba su revólver, el que se disparó matando a María de los Angeles. Recordemos que el hombre que se encontraba en el hotel era un extraño que ella había recogido de la calle (179). Esta discrepancia nos hace dudar de la veracidad de la versión de don Fabiano. ¿No será que Felisberto simplemente mata a María de los Angeles por haber transgredido las expectativas de las mujeres de su clase social y luego él es accidentalmente muerto por el hombre dormido que se ha podido despertar al oír el estampido del balazo e instintivamente ataca al marido?

Como no hay manera objetiva de establecer lo que pasó en el hotel, sólo nos queda analizar las estrategias utilizadas por el padre para restituir el orden que María de los Angeles había tratado de subvertir. Aunque don Fabiano se conduele de los errores cometidos, y que culminan con la muerte de su hija, al codificar los eventos este padre distorsiona la realidad para aminorar su culpa: por ejemplo, dice que María de los Angeles "se nos casó casi una niña" (180), alocución destinada a culpar a la joven para así olvidar que fueron ellos, los padres, los que la empujaron al matrimonio. Pero lo que no le puede perdonar a Felisberto, lo que le sigue despertando a media noche bañado en sudor es que el marido ganaba dinero con el baile de María de los Angeles (181). Lo que él deja de notar es que el mercantilismo perpetrado contra su hija lleva el sello de su propia hechura.

María de los Angeles [9] es enterrada vestida de novia, atuendo en la que se veía bellísima, al punto que "no parecía

---

[9] Las acciones de María de los Angeles nos recuerdan las de Emma Zunz, personaje de Jorge Luis Borges, que también deviene la primera víctima al tratar de reparar una injusticia.

muerta, sino dormida, representando por última vez su papel de la Bella Durmiente" (183), escribe el padre. Es decir, primeramente el sistema patriarcal aniquila a la mujer, a la que se negó a ser una marioneta como Coppelia, a la que rehusó esperar cien años para que un varón otorgara significado a su vida, y luego renueva el engañoso mito de la Bella Durmiente (Daly 1973, 43-72). Mito que dictamina que la mujer tiene que esperar a que llegue un príncipe azul para que la despierte de su sueño y la despose, único destino permitido para la mujer. De esta manera el patriarcado asimila toda tentativa de desviación de las normas prescritas. El esfuerzo de María de los Angeles parece no tener otro resultado que el haber escogido a su victimador, puesto que su experiencia, al no ser codificada en un discurso destinado para el consumo público, caerá en el silencio.

Como adelantamos anteriormente, *La bella durmiente* de Rosario Ferré cae dentro del rótulo de la metaficción, modalidad que problematiza los límites entre la realidad y la ficción. Esto se logra por medio de una diégesis que participa del proceso mimético que inscribe artísticamente una realidad dada al mismo tiempo que recrea el acto creativo. Al literaturizarse el acto creativo, la presencia de la autora de carne y hueso, que en este caso manipula una serie de discursos para armar su relato, se hace más fuerte, intrusión que vincula más estrechamente la realidad y la ficción.[10]

En *La bella durmiente*, Rosario Ferré tiende puentes entre la ficción y la realidad por medio de dos estrategias: la intratextualidad y la literaturización del contexto. En el primer

---

[10] Un caso notable que problematiza la estrecha relación, que existe entre la realidad y la ficción es "Continuidad de los parques", de Julio Cortázar. Allí un lector está a punto de ser asesinado por el personaje de la novela que está leyendo. Esta confusión de límites se hace más manifiesto y dramático en el teatro, donde a veces el público se ve involucrado en la acción, la que no está confinada al escenario sino que se desborda hasta incluir toda la platea. En el film, The Purple Rose of Cairo de Woody Allen el chulo de la película se sale de la pantalla para vivir en un pueblo dobnde enamora a la pueblerina que asiste diariamente a la proyección de su película.

caso, el lector reconoce en el relato de Ferré otros textos, ar-
tefactos que nosotros/as, lectores/as virtuales, podemos encontrar en nuestras bibliotecas; es decir, en nuestra realidad.
En cuanto a la segunda estrategia, según Patricia Waugh, toda
ficción crea un contexto al mismo tiempo que construye un
texto. En la narrativa, el estado ontológico de los objetos fic-
cionales es determinado por el hecho de que ellos existen en
virtud de su referente, el que se transforma en el contexto fic-
cional y que en último caso llega a ser simplemente un signo
en la página (77).

El contexto del relato de Ferré corresponde a la realidad
puertorriqueña, específicamente a la clase adinerada de esa
sociedad, la que dictamina cual debe ser el comportamiento
adecuado para la mujer, objeto de nuestro análisis.[11] A nivel
nacional el contexto expone la condición de la isla de ser una
colonia estadounidense. Esto se nota en el uso de expresiones inglesas en el habla cotidiano y en la importación
de costumbres estadounidenses, como por ejemplo, el *shower*. El contexto también es representado en el texto por
medio de la incorporación de recortes del periódico *Mundo
Nuevo*, periódico ficticio cuyo nombre parece provenir de los
dos matutinos de San Juan, *El Mundo* y *El Nuevo Día*. La intertextualidad y la literaturización del contexto, tienen por objeto relacionar la ficción con la realidad que se intenta aprehender. La muerte de María de los Angeles, víctima del
falogocentrismo que perpetúa un sistema sexista de socialización, es, pues, un hecho que intenta trascender los límites ficticios para inscribirse en un espacio y tiempo históricos.

---

[11] Lisa E. Davis en su estudio "La puertorriqueña dócil y rebelde en los
cuentos de Rosario Ferré," también nota la importancia del contexto en la
cuentística de Ferré: "a nuestro juicio, -dice- merece estudiarse a fondo la visión estética de Rosario Ferré, artista comprometida con el análisis de una
clase–la burguesía adinerada que en la actualidad ejerce el dominio y establece las normas colectivas en la vida insular–y de la condición femenina,
reflejo fiel de la deshumanización generalizada de aquel orden social y político" (84).

La parodia en este relato es otra estrategia que vincula el texto con lo extratextual. Los autores, al concebir un texto paródico conjugan diacrónica y sincrónicamente los textos codificados. En esta narración, la autora diacrónicamente trascribe el espíritu y el propósito prescriptivo de los discursos articulados en tiempos pasados para que puedan ser leídos en sincronía con el texto que ella codifica. Los fragmentos incorporados pueden ser comparados con el texto en el que se inscriben, de manera que sus similitudes y contrastes al ser leídos producen una renovada apreciación de los textos y contextos. Los discursos falogocéntricos pasados--los cuentos de hadas y los libretos de ballet--y los presentes--la literatura epistolar del relato--, que prescriben la pasividad y la domesticidad de la mujer, deben ser descifrados en relación a una nueva realidad, la rebeldía de la protagonista contra el código que la oprime.

Para Linda Hutcheon la parodia es un género sofisticado por las demandas que impone tanto en quien la codifica como en quien descifra dichos códigos, dado que los lectores deben realizar una superimposición de textos para lograr una síntesis bitextual que haga resaltar las similitudes y diferencias entre ambos textos. La manipulación textual por parte del/de la codificador/a conlleva implícitamente una intención autorial, la que debe ser descifrada por receptores competentes. En síntesis, a pesar de que la teoría de la parodia es intertextual por la inclusión de los codificadores y del texto, su contexto enunciativo es más amplio todavía ya que, central a la práctica de la parodia es el hecho de que los codificadores y los receptores comparten los códigos (Hutcheon 1985, 33-37). La implicación es que la parodia fuerza a los lectores a relacionar los textos al mismo tiempo que impele a considerar los contextos, la realidad en que existen los codificadores y los receptores. La resolución textual, entonces, tiene lugar fuera del texto, manipulación que parece ser otra estrategia del discurso que demanda relacionar la ficción con la realidad de los lectores.

Los lectores competentes deben darse cuenta de las similitudes contenidas en los textos parodiados, como por ejemplo el casar a las mujeres antes de que ellas puedan alcanzar su madurez, para así cortar de raíz toda desviación de la norma. Una vez confinadas dentro de los límites del hogar se hace más fácil ejercer un riguroso control sobre ellas. El texto parece requerir el reconocimiento de que el discurso androcéntrico de todos los tiempos tiene como propósito alienar y retardar el desarrollo de la mujer. La Iglesia y la autoridad paterna, por su parte, constituyen mecanismos de opresión encaminados a dicho fin. En suma, Ferré pone en tela de juicio no sólo el consenso narrativo en el que actúan los personajes femeninos, sino que cuestiona el intento prescriptivo que se halla en el espíritu de la escritura misma.

Lo que leemos en *La bella durmiente,* pues, es la trayectoria de un personaje femenino que no puede conciliar sus necesidades internas con las demandas impuestas por la sociedad. Como consecuencia, la conjugación de lo que Annis Pratt llama espacios interiores y espacios exteriores no se realiza satisfactoriamente, dando como producto el deficiente desarrollo de la identidad de María de los Angeles.[12] El relato captura bien el esfuerzo inútil del personaje femenino que pugna por romper los barrotes de la jaula de oro en que la ha puesto la clase social a la que pertenece. Sin embargo, María de los Angeles, fiel a sus propias necesidades, rechaza las imposiciones falocráticas de "conformidad y aceptación," y lucha por entrar en la cultura, empresa en la que pierde la vida. Es esta lucha la que el patriarcado trata de enterrar junto a su cuerpo al reificar una vez más el mito de *La bella durmiente,* discurso alienante para la mujer.

---

[12] "It seems evident--dice Pratt--that there is an interior landscape of the individual human psyche, and an external or social landscape impingeny upon the individual. Woman heroes pursue their interior journeys at the same time as they battle those forces which strip them from birth of autonomy and turn them into passive objects" (1973, 10).

CAPÍTULO IV

CAMBIO DE ARMAS DE LUISA VALENZUELA: LA AVENTURA DE LA ADQUISICIÓN DE LA ESCRITURA GINOCÉNTRICA

En los capítulos anteriores concluimos que Celina desaparece tras del discurso masculino, que Emelina, después de intentar escoger su propio destino, es forzada a volver a la soledad de su casa, que María de los Angeles es enterrada vestida de Bella Durmiente, de manera que su lucha por llegar a ser bailarina, actividad en la que esperaba realizarse, cae en el olvido al reificarse una vez más el final feliz de los cuentos de hadas. Los textos donde habitan estos personajes reflejan la falta de interés del falogocentrismo por considerar válida la experiencia femenina, razón por la cual sus luchas son ignoradas, olvidadas, o subvertidas. La falta de un pasado es uno de los temas centrales que Luisa Valenzuela desarrolla en *Cambio de armas,* al crear un personaje femenino que sufre de amnesia, o sea que carece de historia.

La crítica feminista ha demostrado de modo concluyente que el lenguaje ha sido propiedad exclusiva del varón; éste ha asumido el papel de principio ordenador, función que lo ha facultado para dar significado a las cosas en virtud de su posesión del falo. Lacan define el falo como "el significante

destinado a designar en su conjunto los efectos del significado, en cuanto el significante los condiciona por su presencia
de significante" (669-70). El psicoanalista francés clarifica que
no se trata de la posesión de un objeto, ni mucho menos de
un órgano, sino de la relación del individuo con el significante. El hombre, al inscribirse como poseedor de dicho significante, se ha otorgado la potestad de dictaminar el valor y el
alcance del orden simbólico, de la Ley del Padre. De acuerdo
con Hélène Cixous, para Freud y Lacan la mujer se encuentra
fuera de lo simbólico por no estar relacionada con el falo, lo
que ocasiona su exclusión del lenguaje. Cixous concluye que
dicha exclusión se debe a que la mujer no sufre del complejo
que caracteriza al hombre: el miedo a ser castrado (1981, 45-
6), puesto que simbólicamente la mujer ya ha sido castrada.
Desde que el orden simbólico está relacionado con el falo, la
mujer, al no participar de esta relación, no tiene acceso al discurso, por lo que el lenguaje mismo se convierte en otro mecanismo que expulsa, confina y oprime a la mujer (Jacobus,
12). En estas condiciones, la mujer no puede establecerse
como una alteridad, como la otredad del discurso, y por lo
tanto es marginada de la cultura.

Saussure—como sabemos—estableció la arbitrariedad del
signo lingüístico. Dada esta arbitrariedad, el signo está sujeto
a los vaivenes de la historia, de modo que la relación entre
un determinado significante y su significado es el resultado de
un proceso histórico (Culler 46). Por consiguiente, el lenguaje
como sistema de signos cambia diacrónicamente. El lenguaje
es aquel sistema, verbal o de otra naturaleza, que define el
significado, que organiza las prácticas sociales; por su inter-
medio una persona representa y entiende el mundo, com-
prende quién es él/ella y cómo se relaciona con los/as
demás. En otras palabras, el lenguaje es un artefacto jerarqui-
zante. Lotman y Uspensky concluyen que la cultura, como el
lenguaje, es asimismo un sistema de signos, y debido a esta
característica en común cada lenguaje es inseparable de la
cultura con que se conjuga. De esta relación se deduce que
ningún lenguaje puede existir independientemente del contexto de la cultura que lo concibe (212). Para Lotman la cultura es "the collected non-hereditary information accumulated,

preserved, and handed on by the various groups of human society' that is transformed by a text into a `hierarchy of codes which have developed during the course of history'" (citado de Champagne 207). Es decir, que la cultura misma no es legada a futuras generaciones, sino el texto que lo codifica. En este sentido, el lenguaje también juega un papel preponderante en la determinación de la cultura.

Lo que se lega discursivamente nunca contiene la totalidad de una cultura, sino que lo que se pasa de una generación a otra es ya el resultado de un proceso de selección. Lo incluido llega a formar parte de la cultura, y lo excluido es descartado como la no-cultura. La cultura, entonces, es el registro de la *memoria* de las experiencias vividas por un pueblo, al mismo tiempo que es el producto de un proceso de *olvido* selectivo. Para preservar y comunicar una determinada economía de valores, la cultura recurre al lenguaje como el mecanismo de estructuración capaz de ordenar y jerarquizar el espacio social con arreglo a un sistema de restricciones y prescripciones (Lotman 213-14). En este caso, el lenguaje es un acto que sucede *a posteriori* en relación a las experiencias y a las instituciones sociales. O sea que la cultura se hace texto sólo cuando adquiere conciencia de sí como producto social, de ahí que el lenguaje que lo articula viene a ser su propio metadiscurso. Sin embargo, así como la cultura precisa del lenguaje para constituirse en tradición, el lenguaje por su parte influye en el comportamiento humano, ya que el lenguaje es un sistema cuya economía al ser asimilada por las personas determina la cultura.

Por otro lado, Jonathan Culler afirma que el comportamiento de un sólo individuo refleja la praxis social vigente en una determinada cultura. Esta relación sinecdóquica es posible debido a que el individuo asimila el sistema de reglas y normas sociales e internaliza las representaciones colectivas, discursos que forman parte constitutiva de su economía síquica. Por lo tanto, las acciones sociales de un individuo poseen una fuerza explicativa cuando se las relaciona con el sistema de normas que las hace posible, cuando se las considera como manifestaciones de un sistema de representaciones subyacentes (85-91).

A su vez, Hélène Cixous sostiene que la sociedad en la que vivimos ha sido jerarquizada de acuerdo a una serie de oposiciones binarias--como superior/inferior, actividad/pasividad, cultura/naturaleza, padre/madre--las que provienen de la oposición binaria inicial, hombre/mujer, que ha sido a su vez evaluada como positiva/ negativa, perteneciendo el término positivo al varón (citado de Moi 104-05). Como se puede ver, tal jerarquización de la sociedad responde íntegramente a los intereses del hombre, el que ha creado un sistema de normas y reglas destinado a mantener y prolongar su hegemonía por medio de mecanismos discursivos y códigos que tradicionalmente han marginado a la mujer. Esta ha sido sistemáticamente devaluada por el logos masculino precisamente por tener el hombre acceso exclusivo al poder creativo de la palabra. Siguiendo este raciocinio, Luce Irigaray concluye que la mujer en relación al discurso es más hablada que hablante, más enunciada que enunciante. Su práctica discursiva ha sido más que todo imitativa del lenguaje falocéntrico (citado de Moi 127). Atrapada dentro del sistema especular androcéntrico, la mujer no ha codificado su propia realidad, ya que hasta hace poco ella se percibía como un reflejo del hombre y no tenía una concepción cabal de sí misma.

Esta es la situación que Luisa Valenzuela describe simbólicamente en la novela corta *Cambio de armas*. Laura sufre de amnesia y vive encerrada bajo llave en su dormitorio, donde hay espejos que le devuelven el reflejo de su imagen. La falta de recuerdos de Laura la priva de su pasado, de sus experiencias, del sistema de referencias que hacen posible la formación de una identidad; como el personaje carece de identidad, no puede formar relaciones ni definir su posición dentro de la sociedad. El vacío de su conciencia se asemeja al mural en blanco que se levanta ante su ventana, superficie-papel que pareciera también esperar una inscripción. El único vestigio de su pasado es la fotografía del día de su boda, donde la cara de ella tiene una "expresión difusa" tras del velo que la cubre, mientras que la cara de él "tiene el aspecto triunfal de los que creen que han llegado" (116). Lo que ella no recuerda es que Roque, el hombre de la fotografía, es en realidad el

militar que ella había tratado de matar durante un golpe de
estado. Como consecuencia de su fallido intento, es hecha
prisionera y torturada por el mismo militar que luego se casa
con ella para reducirla a la nada. Su matrimonio, por lo
tanto, deviene metáfora de la relación carcelero/prisionera, situación que resulta de la desigual lucha por el poder. El personaje masculino trata de olvidar y hacer olvidar la experiencia de Laura, experiencia que contiene la participación
política de esta mujer para liberar a su pueblo de la dictadura
militar[1]. De ahí que la lucha que entablan Roque y Laura
tiene lugar tanto en la arena política, como en la doméstica y
discursiva. Simbólicamente Valenzuela parece utilizar la figura del militar para representar la opresión política así como la
opresión patriarcal familiar que la mujer sufre.

Encerrada bajo llave, Laura, la prisionera, no tiene acceso
al círculo público, espacio donde Roque transita libremente,
escenario donde se suceden las relaciones sociales. Laura
mira las llaves, dejadas *inocentemente* sobre la repisa, pero
nunca las toca porque sabe que no corresponden al candado
de la puerta (137). Las llaves son como un significante divor-
ciado de su significado, desplazamiento que alegóricamente
parece indicar que Laura está en posesión de un signo—llave,
clave, código—deficiente, que no le permite dar forma a su
propia realidad social, sino que más bién contribuye a excluirla, a prolongar su prisión.

Puesto que la conciencia de Laura es como una *tabula
rasa* por no contener impresión alguna, ella se embarca en
una travesía cuyo propósito es definir su identidad, formarse
un yo propio que le permita relacionarse con otros/as. Sin
embargo, prisionera como está, experimenta el mundo exterior por medio de su carcelero, porque éste puede andar libremente por los espacios interiores y exteriores. Desde esta
posición de poder, Roque pretende que su mujer internalice

---

[1] Contextualmente Cambio de armas tiene como referente la llamada
"guerra sucia" que sucedió en la Argentina, donde años de opresión militar
dejaron, entre otras atrocidades, un saldo de miles de "desaparecidos." En
este sentido, Laura viene a ser una "desaparecida" más.

las relaciones asimétricas del espacio semiótico patriarcal. Dadas estas condiciones, la posición de Laura en la cultura patriarcal es la de subordinada ya que su comportamiento se ajusta a las exigencias de un sistema de relaciones y de significado ya establecidos. Esto debido a que los signos que tiene que internalizar contienen en sí una estructura regulativa que refuerza la sistematicidad del aparato social. Esta sistematicidad responde a determinada orientación, la que es siempre partidista, excluyente y en consonancia con los intereses, estructuras y posiciones de cierto agregado social (Terdiman 223). En este caso, el sistema de signos está destinado a perpetuar la hegemonía del varón.

Laura inicia su proceso de internalización catalogando la realidad que la rodea, dando "el nombre exacto a cada cosa" (113). Aprende el nombre de "los objetos cotidianos: esos llamados plato, baño, libro, cama, taza, masa, puerta" (114). Al unir cada significante con su respectivo significado va descubriendo la función que cada objeto signado cumple. Sin embargo, pronto se da cuenta de la duplicidad del significado del signo. Por ejemplo, la puerta es la entrada que permite al marido militar el acceso a su habitación, pero para ella la puerta es la barrera erigida precisamente para excluirla del círculo público, para mantenerla prisionera en el espacio doméstico.[2]

Laura también aprende que por medio del acto ilocutorio o performativo del lenguaje, puede hacer que otra persona lleve a cabo una acción designada, verbigracia, que Martina le dé una taza de té cuando dice "quiero una taza de té" (113). El lenguaje, entonces, es poder, constituye un mecanismo con el que uno/a puede imponer su voluntad, así como ordenar la realidad de acuerdo con las necesidades del hablante. No obstante, en su presente situación, Laura no tiene pleno acceso al poder performativo del lenguaje, razón por la cual cuando ella pide una planta, la respuesta al "quiero" no es inmediata. Al

---

[2] Sharon Magnarelli sostiene que al reconocer la naturaleza arbitraria de las relaciones entre el significante y su significado, Laura (inconscientemente) espera el momento de imponer su propio sistema semiótico (1988, 200).

parecer, pedir una planta "era salirse de *los carriles* habituales" (120-21, el énfasis es mío). Antes de satisfacer este deseo, Martina, la mujer que la atiende, tiene que consultar a Roque. En otras palabras, este hombre delimita el alcance del poder performativo del lenguaje de Laura y así determina qué experiencias puede tener ella y qué memorias puede atesorar. De esta forma, el tren de vida de Laura es controlado de acuerdo al texto prescriptivo androcéntrico que el marido militar impone.

Si aceptamos las conclusiones a las que llegaron Saussure, Freud, y Durkheim, de que las acciones sociales de un individuo cobran significado cuando se las relaciona con el sistema de normas que las hace posibles (Culler 85-91), las acciones de Roque llegan a ser significativas porque transparentan el sistema patriarcal que las sustenta. La prisión literal y metafórica de Laura y su limitado acceso a la palabra, por lo tanto, son consecuencias del sistema falogocéntrico que jerarquiza al hombre y a la mujer asimétricamente.

Por ello, Roque busca perpetuar la amnesia de Laura, que ella no recuerde su actividad política, su incursión en el campo público, por ser éste considerado como propiedad del varón. Como en un palimpsesto, Roque borra el pasado histórico/político de Laura para inscribir en la mente de ella el contenido de la escritura falogocéntrica, la que entre otras codifica a la mujer como el objeto del placer sexual del varón. Cuando Roque le hace el amor a Laura, la obliga a mirarse en el gran espejo que hay sobre la cama. Dice la voz narrativa: "con la lengua empieza a treparsele por la pierna izquierda, *la va dibujando* y ella allá arriba se va reconociendo (...) [él] dejándola *verse* en el espejo del techo, y ella va *descubriendo* el despertar de sus propios pezones . . ." (122-23). Y cuando ella cierra los ojos ante el inminente estallido de su orgasmo, él le grita, "¡Abrí los ojos, *puta!*"(123, el énfasis es mío). En otra ocasión, en un pasaje de obvia violencia sexual, el marido le hace el amor en el living, después de haber levantado la mirilla para que sus guardias vean el cruel apareo (135). Una vez más, Roque la califica de "*perra* y ella entiende que es alrededor de este epíteto que él quiere tejer la densa telaraña de las miradas" (136, el énfasis es mío).

En el primer pasaje Laura ve su cuerpo reflejado en el espejo y en el segundo caso experimenta la situación de verse reflejada en la mirada de otros. [3] El reflejo provee a esta mujer con la primera *imagen* de su propio cuerpo, con la cual se identifica. Su imagen especular es formada en la etapa que Lacan llama el estadio del espejo, el estado primordial por el que pasa el niño "antes de objetivarse en la dialéctica de la identificación con el otro y antes de que el lenguaje le restituya en lo universal su función de sujeto" (Lacan 87). El estadio del espejo establece una relación del organismo con su realidad, es decir que el individuo, presa de la ilusión especular que percibe, maquina las fantasías que se sucederán desde una imagen fragmentada del cuerpo, base de una identidad enajenante que va a marcar con su estructura rígida todo el desarrollo mental ulterior del individuo (Lacan 89-90). [4] Cuando Laura está internalizando *eso que es ella*, el marido militar la signa como "puta" o "perra." Roque trata de inscribir en la conciencia de Laura que ella es exclusivamente el objeto del placer del hombre, que ella no es más que sexo para él. [5] La meta del marido militar es imponer a su mujer un sistema lingüístico de reconocimiento, el cual está destinado a destruir la imagen pública y el poder político que ella pueda tener, de manera que la totalidad de su identidad desaparece detrás de su cuerpo, situación que Marcia L. Welles ha denominado "metonimic reduction" (286).

Por otra parte, Roque tampoco permite que Laura adquiera un dominio de la realidad exterior. Así, cuando Roque invita a

---

[3] "Domination —nos asegura Benjamin— contains the threat or the possibility of violence against the other. Violence is predicated upon the denial of the other's independent subjectivity and the denial of her or his autonomy. Violence is also a way of expressing or asserting control over another, of establishing one's own self-boundary and negating the other person's" (150). La dominación erótica, pues, es una forma de prevenir que Laura establezca su propia autonomía, como lo veremos seguidamente.

[4] Patricia Rubio analiza inteligentemente la fragmentación a nivel de enunciado y enunciación en la literatura de Valenzuela. Ver, "La fragmentación: Principio ordenador en la ficción de Luisa Valenzuela."

[5] En la introducción de The Second Sex, Parshley señala que en la percepción que el hombre tiene de la mujer, ella "is simply what man decrees; thus she is called 'the sex,' by which is meant that she appears essentially to the male as a sexual being. For him she is sex—absolute sex, no less" (XVI).

sus colegas a venir a la casa para que Laura se distraiga, ellos la someten a una serie de preguntas que comienzan con "¿Usted piensa que...? y ella sabe que [éstas preguntas] encierran la otra, la verdadera: ¿Usted piensa?" (128). Laura no puede contestar porque no recuerda nada. Roque informa a sus invitados que Laura no lee los diarios, que lo que ocurre fuera de esas cuatro paredes le interesa muy poco (128). Ella—observa la voz narrativa—no sabe si sentirse orgullosa de esta revelación o indignarse. Finalmente, cuando los invitados se van,"ella queda *como vacía* [mientras Roque] la observa con el aire del que está conforme con la propia obra" (128-29, el énfasis es mío).

De los pasajes anteriores se deduce que Laura sólo sabe lo que Roque le permite saber, que la dictadura de este militar se funda en su poder de controlar el discurso. Su versión oficial dictamina lo que se debe saber y lo que se debe ignorar, lo que debe ser historiable y lo que no debe serlo. Como Laura no tiene memoria de su pasado/historia—como ha sido simbólicamente castrada al privársela de relacionarse con el falo—a ella se le asigna el espacio de la no-cultura; o sea que su historia forma parte del olvido selectivo que no llega a ser parte de la cultura. En vez de ayudarla a rescatar su pasado, su sentido de continuidad, lo que Roque quiere escribir en la conciencia vacía de Laura es una imagen devaluada, objetivizada por el consumo sexual del varón. La percepción alienante que Roque quiere que Laura interiorice la coloca en una posición de desventaja, en un espacio marginado, situación que a su vez tiende a reforzar la asimetría de la oposición binaria opresor/oprimida.

Roque ordena su realidad de acuerdo a los dictámenes de la cultura falogocéntrica gracias a su relación con el falo, el significante de significantes.[6] Mientras que Roque actúa den-

---

[6] Como el hombre/padre se encuentra en posesión del falo, el varón se ha considerado como el principio estructurador, como el centro en relación a todo lo demás. "To speak and especially to write from such a position – dice Ann Rosalind Jones– is to appropriate the world, to dominate it through verbal mastery. Symbolic discourse (language, in various contexts) is another means through which man objectifies the woeld, reduces it to his terms, speaks in place of everything and everyone else-including women" (248).

tro del orden simbólico–orden al que se entra por medio de
la adquisición del lenguaje–el desarrollo de Laura se ha estan-
cado en la identidad de lo imaginario, en la etapa anterior al
deseo y al lenguaje. La falta de lenguaje del personaje femenino se hace evidente cuando Laura es vejada sexualmente
por Roque. Entonces "un *gemido* largo se le escapa a pesar
suyo y él duplica sus arremetidas para que el gemido de ella
se transforme en *aullido"* (136, el énfasis es mío). Más adelante la voz narrativa describe la forma como Laura se percibe: "Una ella *borrada* es lo que él requiere, un ser *maleable*
para *armarlo* a su antojo. Ella se siente de barro, dúctil bajo
las caricias de él y no quisiera, no quiere para nada ser *dúctil
y cambiante* y *sus voces internas aullan* de rabia y golpean
las paredes de su cuerpo" (138-39, el énfasis es mío). Roque,
pues, viene a ser el escritor del· texto-Laura, escritura que responde a sus intereses personales.

De esta manera, los adjetivos "puta" y "perra" con los que
quiere escribir el texto-Laura son signos de por sí jerarquizan-
tes.[7] Esta forma de percepción no es privativa de Roque, sino
que forma parte de un diseño mayor. Según Lacan, Freud,
aunque sin utilizar la tipología lingüística actual, fue el que
descubrió que el significante tiene función activa en la deter-
minación de los efectos de lo significable, el que aparece
como sufriendo su marca, convirtiéndose por esa pasión en
el significado.

> Esta pasión del significante –dice Lacan– se convierte enton-
> ces en una dimensión nueva de la condición humana, en
> cuanto que no es únicamente el hombre quien habla, sino
> que·en el hombre·y por el hombre "ello" habla, y su natura-

---

[7] Luisa Valenzuela sostiene que una de las oposiciones binarias que
debe ser subvertida por el discurso femenino es la de "puta/santa," mito establecido por el falogocentrismo, dicotomía en la que "La mujer [es] coloca-
da en uno de los dos extremos de esta oposición, y en el medio la nada.
Como nada hay entre las piernas femeninas, la célebre ausencia del falo
que el discurso masculino nos enrostra como carencia generadora de envidia" (1982, 88-9).

> leza resulta tejida por efectos donde se encuentra la estructu-
> ra del lenguaje del cual él se convierte en la materia, y por
> eso resuena en él, más allá de todo lo que pudo concebir la
> psicología de las ideas, la relación de la palabra. (668)

Equivale a decir que lo que se codifica con la cadena ines-
table de significantes del lenguaje son los efectos del inconsciente. Y como el inconsciente, así como el lenguaje, antece-
den al tiempo de un hombre, "ello" habla en él. Las
articulaciones de Roque, entonces, son parte de una práctica
de significación cuya sistematicidad él simplemente sigue.
Esto es, que la posición devaluada de la mujer es el resultado
de una tradición culturalmente enraizada.

Laura quiere escapar de este proceso de significación que
la victimiza, pero no puede hacerlo si permanece inscrita dentro de las jerarquías impuestas por la falocracia. Ella no
puede reescribir su propia imagen por no haber alcanzado el
orden simbólico, por no tener acceso a la palabra. Para expresar su experiencia, recurre al "gemido," al "aullido," a un
código no-representacional. Este código nace de la necesidad
de recurrir a *otro lenguaje* capaz de aprehender la experiencia
femenina, puesto que dicha experiencia no cuenta con significantes apropiados en los registros del lenguaje falogocéntrico
para codificarla. [8] La ausencia de tales signos en el discurso
falogocéntrico indica que el patriarcado intenta borrar, negar
la existencia de tales experiencias.[9]

---

[8] En su estudio "'Her Very Own Howl': The Ambiguity of Representation in Recent Women's Fiction," Margaret Homans considera que la insuficiencia del lenguaje masculino para representar la experiencia de la mujer
justifica la invención y el uso de un nuevo lenguaje no-representacional
que exprese el sentir de la mujer.

[9] En el contexto argentino que sirve de referente a Cambio de armas,
"borrar" y "negar" pueden significar "hacer desaparecer," afirmar que aquí
no pasa nada, que nadie ha sido torturado, ni asesinado. Asegurar que no
hay desaparecidos irónicamente es una manera de negar dos veces la existencia de los que antes eran. En el texto que analizamos, la experiencia de
la mujer es objeto de la misma negación.

Si la mujer va a denunciar la historia falocrática que la ha oprimido y exiliado de la cultura, debe trascender el sistema especular, el que le ha servido al varón para reducir lo fenoménico al reflejo narcisista de su propio yo.[10] Para romper con el logos opresor algunas feministas como Irigaray y Cixous consideran necesaria la práctica de un lenguaje femenino que se origine en el cuerpo de la mujer, en su genitalia misma, locus que la diferencia del hombre.[11] Lo que Cixous llama la "afirmación de la diferencia" (1981, 52) constituye el primer paso en una aventura discursiva que tiene por objeto explorar las energías de la mujer, su poder y potencia localizadas en las regiones de su femineidad, cuya representación será codificada en un *cuerpo textual femenino* que contendrá la economía libidinal de la mujer.

Cambio de armas inscribe las teorías feministas francesas que sostienen que para liberarse de la práctica de significación falogocéntrica, la escritura de la mujer debe partir de la autoconciencia que resulta del conocimiento de su propio cuerpo,[12] del *jouissance* femenino, de su placer sexual.[13] Para llegar a esta meta escritural, en el relato se deconstruye primero el proceso por medio del cual la mujer asimila el sistema de significación falogocéntrico. Inicialmente Laura aprende el lenguaje patriarcal, el mecanismo del orden simbólico que jerarquiza la sociedad de acuerdo a los intereses del varón. Al aprender el nombre de las cosas que la rodean (114), Laura, según Irigaray,

---

[10] Ilustramos esta reflexión del logos masculino en el primer capítulo, donde el marido de Celina intenta escribir de ella pero termina escribiendo narcisistamente de sí mismo. Luce Irigaray señala que "this domination of the philosophic logos stems in large part from its power to educe all others to the economy of the Same... from its power to eradicate the difference between the sexes in systems that are self-representative of the 'masculine subject.'" (1985, 74).

[11] Ann Rosalind Jones en "Writing the Body..." analiza la postura asumida por la crítica feminista francesa en contraposición de la estadounidense.

[12] Valenzuela misma en una entrevista con Picon Garfield reconoce que "real strides will be made when we [women] become more conscious of our true sexuality and write from the womb" (1985, 161).

[13] Ann Rosalind Jones en "Writing the Body" explica las connotaciones del jouissance femenino.

empieza a caminar por el único camino históricamente asignado a la mujer, que es el de la *imitación*, el *remedo* del logos
masculino (1980, 71 y 1985, 76). Pero Laura pronto abandona
este camino para tomar otro que le permita cultivar una conciencia basada en el conocimiento de su propio cuerpo.

Según Freud, sostiene Irigaray, *el ver* es una actividad fálica en el sentido de que el caso de Edipo demuestra que
el miedo a la ceguera es en realidad el miedo a la castración. Vale decir, un niño se diferencia de una niña porque
él puede ver su pene, mientras que en ella no se ve nada,
o se nota una ausencia. El niño, entonces, teme ser castrado y ser como la niña. Precisamente, el *rien à voir* de la
niña, es lo que atemoriza (citado de Moi 134). En la narración se pone de manifiesto la importancia que Roque da a
la vista durante el acto sexual. En el primer caso, urge a
Laura a mirarle en el espejo, "Abrí los ojos y *mirá* bien lo
que te voy a hacer porque es algo que merece ser *visto*," le
dice narcisistamente (122, el énfasis es mío), y más tarde,
cuando levanta la mirilla para que los guardias vean el acto
sexual, él camina sin darles la espalda para así poder "apuntar con su soberbia erección" en dirección a la mirilla de
manera que ellos vean su falo (135). Laura también ve la
imagen que le devuelve el espejo, la que va signada por el
significante "puta," jerarquía falogocéntrica que ella rechaza
con un intenso *"no"* el que parece hacer estallar el espejo
del techo (123-24, el énfasis es de Valenzuela). Con esta
negativa el personaje femenino rechaza ser el reflejo patriarcal para identificarse con el placer que siente dentro de sí.
Es decir, que Laura deconstruye la representación escritural
que el falogocentrismo hace de su cuerpo para dar lugar a
otra escritura íntimamente vinculada al placer sexual y a *su*
percepción de su cuerpo de mujer. Así, su orgasmo, estre-
mecimiento deleitoso que parte de ella sin que ella lo or-
dene,[14] es como una cadena de significantes que comien-

---

[14] Annette Kolodny llama "reflexive perceptions" a los momentos cuando la mujer es representada descubriéndose o encontrando parte de sí en
actividades que ella no ha planeado o en situaciones que no puede comprender completamente (1975, 79).

za con el conocimiento de la presencia de sus pechos, piernas, boca... y culmina en su "centro del placer" (123). De esta manera se deconstruye *el ver* del sistema falogocéntrico por *el sentir* ginocéntrico. Sus sentidos, entonces, darán sentido a su vida, contribuirán al proceso escritural con el que Laura va a codificar su propia conciencia.

De esta realización Laura intuye que "la verdad nada tiene que ver con él [Roque], que sólo dice lo que quiere decir y lo que quiere decir nunca es lo que a ella le interesa" (125).[15] Como la verdad no tiene nada que ver con los intereses de su marido militar, ella busca la verdad en sí misma, entre sus labios inferiores–cavidad que Laura denomina "zona oscura de su memoria," "pozo negro de la memoria" (126)–y en la experimentación del placer, que ella siente que es como "su única forma de saberse viva" (125).

Laura atribuye su falta de memoria, la ausencia de una tradición femenina, al hecho de que ella ha ocupado siempre el lugar del Otro, locus que se le ha asignado por ser mujer. Sin embargo, sospecha que en lo profundo de su ser existe un centro que contiene la memoria, la sabiduría femenina que el sistema falocrático ha reprimido. Ella se pregunta

> ¿No habrá algo más, algo como estar en un pozo oscuro y sin saber de qué se trata, algo *dentro* de ella, negro y profundo, ajeno a sus cavidades naturales a las que él tiene fácil acceso? Un oscuro, *inalcanzable fondo* de ella, el *aquí-lugar, el sitio de una interioridad* donde está encerrado todo lo que ella sabe sin querer saberlo, sin en verdad saberlo. . . Ella pasa largas horas dada vuelta como un guante, metida dentro de su propio pozo interno, en una oscuridad de útero casi tibia, casi húmeda. Las paredes del pozo a veces *resue-*

---

[15] En su ensayo "Truth and Power," Foucault señala que toda sociedad establece un conglomerado de discursos que son sancionados por el poder hegemónico y que funcionan y son aceptados como verdaderos. No se trata de verdades ontológicas, sino de fabricaciones discursivas destinadas a perpetuar el bienestar de los que ostentan el poder. Ver *Power/Knowledge*.

nan y no importa lo que intentan decirle aunque de vez en
cuando ella parece recibir *un mensaje*. . . (129-30, el énfasis
es mío).

Este párrafo señala que las paredes de ese espacio interior, cuna de la psiquis femenina, resuenan, vibran (130),
hablan un mensaje femenino que contiene *toda* la tradición de la mujer, tradición que la protagonista sabe sin sa-
berla. Este "lenguaje hémbrico" (Valenzuela 1982, 91) surge
del "aquí-lugar," de un espacio infinito, todavía no definido,
cuyo fondo es "inalcanzable." Asimismo, dicho lenguaje es
eterno por haber sido articulado desde siempre, desde "ese
pozo oscuro donde no existe el tiempo" (138). La naturaleza infinita y eterna del lenguaje ginocéntrico confiere a
este discurso una dimensión mítica, formando una especie
de subconsciente femenino, que como en el caso del lenguaje falogocéntrico, también en la mujer y por la mujer
"ello" debe hablar. No obstante, en su presente condición
esta alteridad del lenguaje parece no haber sido codificada
todavía, de ahí la insistencia en la oscuridad, en lo amorfo
de este lenguaje. En este aspecto, la visión del lenguaje
hémbrico de Luisa Valenzuela se suscribe a las teorías feministas que prescriben que en un principio el lenguaje de la
mujer no debe ser contenido en límites estrechos. La caracterización del útero como húmedo y tibio, locus de la escritura ginocéntrica, nos recuerda el ensayo de Irigaray
sobre la mecánica de los fluidos, donde ella identifica a la
mujer con lo semisólido, estado que define como aquel lí-
quido que resiste adecuada simbolización debido a la insuficiencia de la lógica masculina para incorporar en sus escritos todas las características distintivas de la mujer (1985,
106-7).[16]

También Luisa Valenzuela en sus ensayos teóricos nos ad-

---

[16] Toril Moi sostiene que para Cixous el agua es el elemento femenino
por excelencia, no sólo porque refleja la seguridad confortante del vientre
materno, sino también porque el agua brinda a la escritora la posibilidad de
unirse oceánica–creativamente–con el mundo (117).▪

vierte que si bien el lenguaje se origina en el inconsciente, al
ser articulado debe pasar por el filtro de la conciencia, a la
que caracteriza como un "laberinto contaminado de hormonas sexuales [las que] (...) coloran las palabras y pueden llegar a cambiarles la carga" (1982, 89). En la narración que nos
ocupa, el lenguaje contaminado de hormonas sexuales es hablado por otros labios, por la "boca de abismo" (130) que se
abre en el pozo negro. Al sustituir el significante vientre por
el de boca, Valenzuela, por medio de "metáforas mezcladas"
(Hite 128), otorga las funciones de un término al otro, es
decir, que la boca y el vientre aparecen como dadoras de
vida. Esta identificación no es gratuita sino que forma parte
del aspecto positivo de la mitología femenina en la que el
vientre aparece como boca. A este propósito Erich Neumann
en *The Great Mother* señala que "'lips' are attributed to the female genitals, and on the basis of this positive symbolic equa-
tion the mouth, `as upper womb,' is the birth place of the
breath and the word, the Logos" (168). La palabra, entonces,
ha sido siempre otra hija más del poder fecundador de la
mujer de aquí que su acceso al logos no es más que la recuperación de un derecho largamente negado.

Pero cuando Laura oye las palabras articuladas desde su
interioridad, no escucha esta sabiduría visceral desconocida
por ella, porque teme este saber que metafóricamente es representado como un animal que existe en ella, que está dentro del pozo, que es el pozo mismo (129). Laura no quiere
despertar al animal que existe en ella "por temor al zarpazo"
(130), porque el mensaje que escucha "es demasiado fuerte
para poder soportarlo" (130). En su ensayo "The Other Face
of the Phallus," Luisa Valenzuela explica que la frase *Hic sunt
leones,* era la expresión que los antiguos cartógrafos escribían
en los mapas para designar aquellas regiones todavía no ex-
ploradas. "Aquí están los leones" significaba lo aterrador, lo
desconocido. De la misma manera, Laura le tendría miedo a
su animal interior por serle éste desconocido, porque todavía
no sabe leer su discurso, el que articula la verdad femenina
que contiene el cuerpo de Laura. Como Laura tiene miedo a
lo desconocido, no se atreve a bucear en su universo interior,
el cual permanece como un misterio inclusive para ella

misma (1986, 242).[17] Puesto que Laura no sabe quién es ella, difícilmente puede saber qué es lo que necesita, lo que quiere. En otras palabras, ella no puede desear, ya que desear implica estar consciente de lo que le falta.

Para Lacan *el deseo* equivale a llegar a ser humano en el momento del nacimiento del lenguaje. Este, en su sentido específicamente humano, emerge por primera vez durante la experiencia inicial del "yo quiero." El deseo (el yo-quiero-ser), es el resultado de una falta, de una ausencia que para ser satisfecha debe ser requerida por medio de una cadena de significantes a un/a alocutor/a, el/la que posee el objeto deseado (Muller 21, 81). Laura se encuentra en una situación ambigua, balanceándose entre un "[q]uerer saber y no querer. Querer estar y no querer estar, al mismo tiempo" (134). Dicha ambigüedad responde a que ella quisiera saber el discurso contenido en su interior, pero esta meta no es realizable a estas alturas porque dicho mensaje no está en armonía con las demandas falogocéntricas. Este titubeo produce una estasis, una parálisis psicológica que se complica porque Laura todavía carece de un lenguaje propio y por lo tanto no puede articular su demanda ni recibir satisfacción. A estas alturas, pues, Laura no puede restablecer *la ilusión* de plenitud del estadio del espejo.

Posteriormente Laura explora su universo interior, su pozo, el que metafóricamente toma la forma del caño de un rifle a través del cual Laura ve a Roque como en el fondo de una mira (130). Este hecho inquieta a Laura ya que ella no sabe qué la lleva a apuntar a Roque con un arma de fuego. En los fragmentos titulados "El secreto (los secretos)" y en "La revelación," Roque le revela el porqué de este deseo inconsciente cuando le descubre la verdad de su pasado, que ella había sido torturada por haber in-

---

[17] La concepción que Luisa Valenzuela tiene de este animal metafórico nos recuerda lo que Adrienne Rich califica como la presencia de algo amorfo en la mujer, "of something unnamed within her" (1979, 191). Este algo sin nombre representa la concretización de los sentimientos de rabia y frustración que la mujer experimenta cuando se da cuenta de la exclusión de la que sido objeto.

tentado matarle durante el golpe de estado contra el régimen militar del que él era parte (140-45). Roque, que se casa con la revolucionaria que ahora ha perdido la memoria a causa de la tortura, cree que Laura le pertenece por haber atentado contra su vida: "eres *mía, toda mía* porque habías intentado matarme" (144), le recuerda. Cuando el marido militar le confiesa el plan con el que la había oprimido, le dice "te iba a *obligar* yo a quererme, a *depender* de mí como una recién nacida, [y concluye] yo también tengo *mis armas* (144-45, el énfasis es mío). Las armas de este militar están destinadas a privar a Laura de su libertad, a despojarla de su historia, de su capacidad de ser individuo y mantenerla como una prisionera dentro del matrimonio. Las armas de Roque pertenecen a una economía que considera a la mujer como una posesión, estado que limita a Laura política y ontológicamente.[18]

Para que recuerde cómo se encontraron por primera vez y para vencer la obstinación de Laura de no querer saber, Roque pone en sus manos el revólver con el que ella había intentado matarlo. Después de esta revelación, cuando Roque se dispone a partir, Laura "*empieza a entender* algunas cosas," levanta el revólver y apunta a Roque (146), incidente con el que termina la narración. Como puede advertirse, la posesión del revólver es transferida de Roque a Laura de manera que hay un traspaso de armas. El revólver que ella recibe representa la culminación de la cadena de significantes, genitalia-boca-pozo-rifle-revólver, que metafóricamente delinea el proceso por el cual Laura adquiere la pluma, el arma con el que empezará a escribirse en la cultura, a inscribir el objeto de su deseo, a llenar las carencias de las que ha sido privada. El traspaso del arma metafóricamente implica que Laura asimila el discurso falocéntrico, el cual, una vez en sus manos,

---

[18] El ansia de posesión de Roque corresponde a lo que Hélène Cixous llama "el reino de lo propio," sistema heterosocial de la cultura en general en el que la supremacía del hombre es considerada como apropiada, como su propiedad (1981, 50).

en un contexto diferente, el significante significará sexualmente algo diferente.[19] Precisamente, con el arma que adquiere Laura reescribirá el contrato social de acuerdo a otros principios, los que le permitirán rescatar su pasado revolucionario y de esta forma subvertir el orden jerárquico falogocéntrico existente.[20]

Cambio de armas nos ofrece una narración en la que el personaje femenino empieza a conocerse a sí misma, se descubre, y en este proceso adquiere un lenguaje para articular su realidad.   En su aventura del conocimiento, Laura pasa de un *no saber* a un *querer saber*, a *la necesidad de saber*. Este proceso de diferenciación y definición culmina cuando ella rescata la memoria de su pasado, cuando "*empieza a entender* algunas cosas" (145-46, el énfasis es mío).   Laura entiende que ella ha sido condicionada por los signos del discurso falogocéntrico, sistema en el que ocupa un lugar devaluado. Consecuentemente, rechaza el contrato social falogocéntrico que la considera únicamente como el objeto del placer del hombre, sistema falocrático que la deja "como vacía" (128).[21] El paso de Laura del estadio del espejo, enajenante por naturaleza, al simbólico se hace patente cuando ella "les sonríe a los múltiples espejos que le devuelven algo así como un conocimiento que ella rechaza de plano" (130).   Laura sustituye el discurso falogocéntrico que la aliena por la voz que articula un concierto de signos femeninos contenido en su interior,

---

[19] En "Women's time," Julia Kristeva observa que la diferencia sexual, "which is at once biological, physiological, and relative to reproduction—is translated by and translates a difference in the relationship of subjects to the symbolic contract which is the social contract: a difference, then, in the relationship to power, language, and meaning" (21).

[20] Gilbert y Gubar llman "vulvalogocentrismo" al discurso que tiene por objeto mediar entre la sexualidad de la lingüístiica y la lingüística de la sexualidad femenina (1985, 515).

[21] Acertadamente Marta Morello-Frosch señala que al describir su pozo interno Laura empieza a edificar su pasado no como experiencia sino como una cadena simbólica, como un lenguaje cuyas me´taforas llegan a ser un discurso empieza a llanarse de palabras, por lo que el lenguaje la rescata del estado incompleto en la que se hallaba sumida (85-6).

logos con el que Laura puede recrear/reescribir el mundo
de acuerdo a sus necesidades. O como dicen Gilbert y
Gubar, el personaje femenino que fue sentenciada por el
discurso falogocéntrico a permanecer en un espacio lingüístico tangencial y devaluado, al tomar posesión de la
palabra adquiere también la potestad de sentenciar al hombre; la mujer que ha sido sentenciada al confinamiento
ahora se sentenciará a la libertad (1985, 523), tal como sucede con Laura, la que al final de la historia recobra su libertad (145).

No podemos concluir este capítulo sin analizar la naturaleza del lenguaje utilizado por Luisa Valenzuela en *Cambio de
armas*. En su ensayo "Mis brujas favoritas," ella declara que el
lenguaje hémbrico necesita articularse desde otros órganos,
contener otras sangres, lenguaje que debe ser hablado por la
boca-genital, por el "hueco negro" de donde saldrán las
"malas palabras," las que pueden perturbar el preestablecido
orden del discurso masculino, descompaginarles las escalas al
sacar a relucir otros valores (1982, 90-1). Esta boca puede
eventualmente decir lo que no debe ser dicho, revelar el
deseo oscuro, desencadenar las diferencias amenazadoras
que subvierten el cómodo esquema del discurso falogocéntrico (Valenzuela 1985, 489). Al final de la narración, cuando
Laura conscientemente se posesiona del falo, llega a ser pro-
ductora de símbolos, creadora de un discurso visceral, de un
cuerpo textual que contiene su historia, la que se funda en la
diferencia sexual.

Dicho discurso visceral no tiene que ser necesariamente
un lenguaje nuevo, sino que también puede ser una recons-
trucción, una modificación del discurso existente.[22] Lo que Valenzuela intenta en su texto es colorear las palabras desde la
perspectiva de la mujer para cambiarles el valor semántico,
de manera que éstas expresen exactamente el deseo que la
mujer siente pero que hasta ahora no ha podido expresar dis-

---

[22] Margaret Homans sintetiza la discusión entre las practicantes de la crítica feminista de si la mujer debe apropiarse del discurso masculino o inventar uno nuevo para codificar su experiencia.

cursivamente (1985, 491).[23] No encontramos en *Cambio de armas* un lenguaje nuevo sino un cambio en el valor del signo, el cual se logra por medio de metáforas mezcladas. Por ejemplo, la genitalia femenina no es sólo el centro del placer sexual, sino que además se constituye en la fuente del lenguaje ginocéntrico. Dicho lenguaje visceral, al cambiar el valor semántico del discurso, da lugar a un nuevo sistema de significación que tiene a la mujer como su centro. La posesión del lenguaje le ofrece a Laura la posibilidad de reconstituirse en una presencia política por medio de un renovado sistema de simbolización. Gracias a un renovado sistema de signos, ella puede revisar el orden simbólico que permitió su exclusión de la historia. En suma, el considerar el cuerpo femenino como una fuente directa de la escritura femenina dará lugar a un poderoso discurso alterno capaz de recrear/reescribir el mundo, porque, como dice Wittgenstein, "to imagine a language means to imagine a form of life" (citado de Elshtain 620). El acceso al lenguaje, pues, faculta a Laura para crear una forma de vida que esté más de acuerdo con sus ritmos interiores y necesidades sociopolíticas.

---

[23] Esta posición concuerda con la de Irigaray, quien también señala que no se trata de inventar un lenguaje nuevo, sino de cuestionar la economía del logos masculino (1985, 78). Tal lenguaje debe ser sometido a una repetición/interpretación para sopesar el sistema de significación vigente y responder a preguntas como por qué lo femenino es definido como una falta, como una deficiencia o imitación, o como la imagen negativa del sujeto.

CAPÍTULO V

ISABEL ALLENDE Y LA ESCRITURA GINOCÉNTRICA EN *LA CASA DE LOS ESPÍRITUS*

En el último capítulo dejamos al personaje femenino cuando ésta adquiere el poder de la palabra, capacidad que todavía tiene que poner en práctica. *La casa de los espíritus,* de Isabel Allende, tematiza la práctica discursiva del personaje femenino que le permite definir su identidad y (re)ordenaR su realidad. En la novela de Isabel Allende, Alba y Esteban escriben el texto que leemos. Ambos ordenan el mundo desde diferentes puntos de vista, perspectivas que corresponden al discurso ginocéntrico y falogocéntrico, respectivamente. Alba escribe de la saga de las mujeres de su familia, vidas que se desarrollan tanto en el círculo doméstico como el público; a su vez Esteban, que contribuye con varias páginas de "su puño y letra" (378) al texto de Alba, escribe principalmente de sus experiencias patronales en Las Tres Marías y de su papel como senador de su país. Lo que nos proponemos en este último capítulo es analizar la función que la escritura cumple en el desarrollo del personaje femenino y probar que su discurso es más copulativo, en el sentido que tiende a crear vínculos de unión social en vez de fragmentar la sociedad, característica, esta última, definitoria del discurso de Esteban.

Existen numerosos análisis del desarrollo de los personajes femeninos de *La casa de los espíritus* y las varias maneras en que su comportamiento desafía las prescripciones falogocéntricas y desbarata el orden patriarcal institucionalizado para prolongar la supuesta superioridad del varón.[1] Aquí analizaremos la relación del personaje femenino con el lenguaje [2] y definiremos las características del discurso falocéntrico de Esteban y el ginocéntrico de Clara y Alba para establecer relaciones dialógicas entre dichos discursos.

Hasta ahora hemos tratado de probar que el ejercicio discursivo por parte del personaje femenino no ha estado exento de dolor, situación que también se evidencia en el texto de Allende. En él se recontextualiza un pasado en que el hombre priva a la mujer del discurso, del sistema de reconocimiento y significación que permite ordenar la realidad, y en cuyo proceso el varón se adueña del cuerpo de la mujer. En el recuento que Alba no hace de su odisea en las cámaras de tortura deja constancia del modo en que Esteban García toma posesión de su cuerpo, reduciéndola "a una piltrafa" (359). En estas circunstancias se le aparece su abuela.

> con la ocurrencia de que la gracia no era morirse, puesto que eso llegaba de todos modos, sino sobrevivir, que era un milagro . . . Le urgió, además, que escribiera un testimonio que algún día podría servir para sacar a la luz el terrible secreto que estaba viviendo, para que el mundo se enterara del

---

[1] Véanse especialmente los estudios de Michael H. Handelsman, La casa de los espíritus y la evolución de la mujer moderna," *Letras Femeninas* 14.1-2 (1988): 57-63; Nora Glickman, "Los personajes femeninos en *La casa de los espíritus' Los libros tienen sus propios espíritus*, ed. Marcelo Coddou (Xalapa, México: Universidad Veracruzana, 1986), 54-60; Margorie Agosín, "Isabel Allende: *La casa de los espíritus". Silencio e imaginación (Metáforas de la escritura femenina)* (México D.F.: Editorial Katún, 1986), 85-103.

[2] Joan W. Scott define el lenguaje como un sistema de significación que organiza las prácticas sociales, el cual es utilizado por la gente para representarse–¿quién soy yo y cómo me relaciono con los/as otros/as?–mecanismo discursivo que al mismo tiempo le permite a la persona entender el mundo (34).

> horror que ocurría paralelamente a la existencia apacible y
> ordenada de los que no querían saber, de los que podían
> tener la ilusión de una vida normal . . . ignorando, a pesar de
> todas las evidencias, que a pocas cuadras de su mundo feliz
> estaban los otros, los que sobreviven o mueren en el lado os-
> curo. (362-63)

El acto escritural que Alba pone en práctica le permite posesionarse nuevamente de su cuerpo, escribir su propia identidad e inscribirse textualmente en la historia, al constituirse
en la testigo acusadora de las atrocidades cometidas.   Su
texto, destinado a ser leído por el público en general, deviene
hecho social capaz de cambiar la textura de la sociedad en la
que fue articulado.

El texto de Alba no sólo historiza su propia tragedia, sino
que también recobra otros textos femeninos: codifica las experiencias de la línea matriarcal de su familia, así como la historia de otras mujeres.   La trayectoria de estos personajes
debe ser leída más que todo como una resistencia contra el
papel destinado a la mujer, como una negación del diseño
del varón.   Sus vidas son ejemplos de posiciones de rebeldía
que, según Judith Newton, son otras formas de poder (101-
02).[3]

En la enunciación de *La casa de los espíritus,* fuera del discurso de Esteban, existen otras dos texturas discursivas diferentes, correspondientes a los textos de Clara y Alba.   En "los
cuadernos de anotar la vida," Clara escribe sobre sus primeros
19 años, tiempo que pasó en la casona de sus padres.   Su
vida, sostiene la voz narradora, era

> Un mundo de historias asombrosas, de silencios tranquilos,
> donde el tiempo no se marcaba con relojes ni calendarios y
> donde los objetos tenían vida propia, los aparecidos se senta-
> ban en la mesa y hablaban con los humanos, el pasado y el

---

[3] A través del texto, Clara, Blanca y Alba prueban que el sistema falogocéntrico prescrito no es determinante, sino que puede ser subvertido, actitud que Carroll Smith-Rosenberg mantiene cuando sucintamente concluye
que "[p]rescription is not behavior" (193).

futuro eran parte de la misma cosa y la realidad del presente era un caleidoscopio de espejos desordenados donde todo podía ocurrir. (78) [4]

Alba concluye que su abuela habitaba "un universo inventado para ella, protegida de las inclemencias de la vida, donde se confundían la verdad prosaica de las cosas materiales con la verdad tumultuosa de los sueños, donde no siempre funcionaban las leyes de la física o la lógica" (78-9). O sea que el espacio en que vive Clara no corresponde al orden establecido por la Ley del Padre.

René Campos, en un inteligente estudio sobre esta novela, considera los cuadernos de Clara como "discursos del inconsciente," puesto que están edificados sobre estructuras de visión, en los que predominan las imágenes, que caracterizan a lo Imaginario (26). En el capítulo anterior establecimos que la imagen que el personaje femenino tiene de sí durante el estadio del espejo proviene de la internalización del código patriarcal, por medio del cual el hombre define como debe ser la mujer. La imagen que Clara tiene de sí, en cambio, no es el resultado del reflejo de un solo espejo, sino de la proyección caleidoscópica de múltiples espejos desordenados. Una consecuencia de esta imagen multifacética es la imposibilidad de ser aprisionada dentro de los cánones establecidos. La mutabilidad de la imagen caleidoscópica nos recuerda la naturaleza amorfa de la mecánica de los fluidos que Irigaray asocia con la identidad de la mujer. La pensadora francesa señala que los fluidos, por su naturaleza amorfa, tradicionalmente han tenido que adecuarse a la economía de los sólidos para ser portadores de significado. Fuera de ese sistema los fluidos se desbordan y la cambiante figura que forman resiste una adecuada simbolización debido a la insuficiencia del logos masculino para representar las distintas manifestaciones

---

[4] Mario A. Rojas afirma que las características de este ambiente se repetirán en la casa que Esteban Trueba manda a construir, la que también se convierte "en una caleidiscópico y encantado laberinto por donde deambularán personajes igualmente extraños y caleidoscópicos, desde artistas pobres y fabricantes de lluvias hasta espíritud fantasmales" (84).

de la realidad (1985, 106-07). Los fluidos, al no estar conteni-
dos/definidos, son excluidos del sistema de los sólidos, de la
racionalidad, economías que cumplen la función de significantes dentro de los registros patriarcales. Cixous, que es de
la misma opinión, sostiene que según Freud y Lacan la mujer
se halla fuera de lo Simbólico, y por lo tanto excluida del lenguaje por no estar relacionada con el falo, el significante tras-
cendental (1981, 45-6). De la misma manera, el contenido de
la escritura de Clara, "donde todo puede ocurrir," no puede
ser encasillado dentro de la estrecha lógica establecida por el
orden Simbólico, razón por la cual su texto no es incluido en
la cultura falogocéntrica por ser ésta patrimonio exclusivo del
varón. Sin embargo, el lenguaje de Clara, que contiene una
realidad heterogénea, está relacionado con lo Simbólico y es
por lo tanto comprensible, como lo acredita Alba, la primera
lectora del texto de su abuela, quien concluye que Clara escribió "para ver las cosas en su dimensión real" (379).

El lenguaje de Clara parece corresponder al primer estadio
del proceso de significación, a lo semiótico, en términos de
Julia Kristeva, que antecede a lo simbólico. El proceso de la
semiótica se relaciona con la "chora," término que Kristeva
toma de Platón, y que designa un receptáculo, algo "unnama-
ble, improbable, hybrid, anterior to naming, to the One, to
the father, and consequently, maternally connoted . . ." (Kristeva 1980, 133). Platón describe la "chora" como algo invisible, un ser sin forma que recibe todas las cosas y que de
modo misterioso participa de lo inteligible a pesar de ser en sí
absolutamente incomprensible. La articulación de la "chora"
es incierta e indeterminada y, como antecede a los impulsos
instintivos, carece de tesis o posición, unidad o identidad. Si
bien Kristeva acepta la caracterización preinstintiva de tal articulación, ella rechaza la definición de "misterioso" e "incomprensible" que Platón confiere a "la madre" y al "receptáculo"
(Roudiez 20). Para Kristeva, lo semiótico es una disposición
que se manifiesta primordialmente en la economía del lenguaje poético. La "disposición semiótica" del lenguaje poético
es una práctica discursiva que transgrede los límites del proceso de significación falogocéntrico dado que no está restringida por el código social. El resultado es un discurso hetero-

géneo que proviene de la capacidad del sujeto hablante de dislocar la unidad lógica, de renovar el orden que lo rodea. El sujeto puede ejercer tal poder debido a su capacidad de experimentar placer, puesto que el sitio de su práctica discursiva es la libido (Kristeva 1986, 28-9). Los cuadernos de Clara, textos en los que se mezclan las experiencias del "feminismo mágico"[5] con el acontecer cotidiano, son codificados por medio de un lenguaje poético heterogéneo que ensancha los límites escriturales al participar a la vez de la disposición semiótica y del discurso simbólico.

Los "cuadernos de anotar la vida" constituyen el germen vital del texto de Alba, situación diegética que, según Hélène Cixous, caracteriza la escritura de la mujer, dado que "there is always within her [la escritora] at least a little of that good mother's milk. She writes in white milk" (1976, 881). Alba misma reconoce la herencia discursiva de Clara cuando al final de su texto señala que su abuela escribió para que años después estos cuadernos le sirvieran a ella "para rescatar las cosas del pasado y sobrevivir a mi propio espanto" (380). Debido a esta relación escritural, el texto de Clara cumple con las exigencias que Hélène Cixous prescribe para el discurso femenino, que la mujer "must write her self: must write about women and bring women to writing" (1976, 875).

Cuando Alba se sienta a escribir su relato, incorpora en su texto la historia de su familia contenida en los cuadernos de Clara (379) y las múltiples cartas que se escribieron Clara y Blanca (194, 219).[6] El texto de Alba también hace referencia a

---

[5] Si bien la mayor parte del tiempo Clara permanece dentro de los confines de la casa, no se dedica a las tareas domésticas, sino a desarrollar sus facultades de espirista junto con un heterogéneo grupo de seguidores. Para designar las prácticas espiristas de Claras, Patricia Hart inventa el neologismo " feminismi mágico", el cual describe los hechos fantásticos o el realismo mágico que se encuentran en los textos femenino-céntricos. Vease 27 y ss.

[6] Mary Gómez Parham ya ha estudiado el tema de los lazos de unión de las mujeres a través de las generaciones en "Isabel Allende's La casa de los espíritus and the Literature of Matrilineage,Discurso Literario 6.1 (1988): 193-201.

los cuentos que su madre le contaba, cuentos que, en boca de Blanca, adquirían visos de una nueva mitología en la que había príncipes que dormían cien años y princesas que luchaban contra dragones (269).[7] Por otra parte, se puede encontrar en el texto de Alba otras formas de escritura ginocéntrica, como los bordados de temas mitológicos de Rosa (13), temática que aparece nuevamente en las figuras de cerámica de Blanca y en el mural donde la niña Alba pinta "los recuerdos, las tristezas y las alegrías de su niñez" (240).[8] Vale decir, que Alba rescata, revisa y continúa la tradición literaria de la mujer, aquella que hasta entonces sólo había merecido una lectura privada. De esta manera recontextualiza los discursos ginocéntricos dentro del orden simbólico. Su escritura, en palabras de la poeta Adrienne Rich, representa una "revisión," un hallazgo de códigos hasta ese momento ignorados: "the act of looking back, of seeing with fresh eyes, of entering an old text from a new critical direction" (1972, 18).

Un ejemplo de tal proceso de revisión es el metacomentario que Alba hace del texto de Clara, que la historia familiar contenida en los cuadernos de su abuela fue ordenada "por acontecimiento y no por orden cronológico" (255). Esta conclusión implica que el texto de Clara no es un diario sino una ficción narrativa. La diferencia nos parece fundamental puesto que el diario tradicionalmente ha sido un género destinado para el consumo personal. En cambio, Clara escribe una novela cuyo destinatario/a es el público en general, pero que por razones no especificadas nunca llega a la imprenta y por lo tanto no fue leída (Muñoz 442-44). Alba, al recontextualizar la novela de

---

[7] La narración de Alba satisface las exigencias que Gerda Lerner dice debe contener la nueva historia de la mujer, discurso que imprescindiblemente debe incorporar las cartas de las mujeres, sus diarios y autobiografías y las historias orales (10).

[8] Marjorie Agosín sostiene que "[e]l tejido de por sí, es una escritura femenina . . . No olvidemos de la etimología que vincula la palabra texto al verbo tejer . . . El tejido es una metáfora que se asocia al textum narrativo, tejer es una forma de escribir" (1986, 92). En este sentido Clara teje, que es el único arte doméstico que ella pudo dominar.

Clara en su propio texto, la rescata y revaloriza, la "revisa", en sentido utilizado por Adrienne Rich.

El recuento que Clara hace de la historia de su familia ilustra metonímicamente el orden patriarcal prevalente en su sociedad. Su texto codifica la ideología que coloca al hombre a la cabeza de la sociedad, situación asimétrica que debe analizarse en conjunción con las relaciones de clase y raza (Newton y Rosenfelt XXVI). Según Jane Flax, el género es una relación, y como tal, viene a ser del producto del conflicto ideológico entre el hombre y la mujer. Debido a que el género deviene una construcción social y no una realidad ontológica, se caracteriza por su inestabilidad, ya que su naturaleza cambia a medida que los sujetos que se relacionan se modifican con el pasar del tiempo. Así, el concepto de género y los sujetos que participan de dicha relación están destinados a ser constantemente redefinidos (623-27).[9]

Existen varios pasajes en *La casa de los espíritus* en los que las diferencias de género, raza y clases dan lugar a un determinado acto social. Por ejemplo, cuando Esteban viola a Pancha García, lo hace como el hombre/patrón/blanco que se impone sobre la mujer/campesina/indígena. La situación es completamente diferente cuando Esteban enamora a Clara, una mujer de su misma condición social y raza. El la corteja "a la antigua," (85) como lo hiciera meses antes con su hermana Rosa. Años después, debido a la fluctuación de las condiciones históricas y al cambio en las relaciones entre el género, la clase y la raza, Esteban, que ahora ya es un viejo sin fuerzas, reconoce que no se puede violar a las campesinas impunemente.

No podemos detenernos en el análisis del sistema de rela-

---

[9] Flax dice que "Gender relations is a category meant to capture a complex set of social relations, to refer to a changing set of historically variable social processes. Gender, both as an analytic category and a social process, is relational. That is, gender relations are complex and unstable processes (or temporary 'totalities' in the language of dialectics) constituted by and through interrelated parts. These parts are interdependent, that is, each part can have no meaning or existence without the others" (628).

ciones, aspecto de la novela que todavía está por estudiarse. Concluimos, sin embargo, que el texto presenta un heterocosmos en el que las relaciones sociales están en constante metamorfosis. Baste señalar que el comportamiento sexual de Clara, Blanca, Alba y Amanda cambia de generación en generación, conducta que se aleja más y más de la prescripción falogocéntrica.

Otro cambio significativo en el texto es el propósito de la escritura. Al igual que su abuela, Alba escribe su autobiografía, salvo que esta vez su experiencia de mujer está íntimamente entrelazada a los vaivenes políticos de su país. Lo nuevo en la escritura ginocéntrica de Alba es la posición desde la cual articula su discurso: ella ya no escribe desde una posición desvalorizada, como era el caso del discurso semiótico de Clara, que refleja la marginalidad de la mujer, sino que lo hace desde una posición de (autor)idad, resultado de su protagonismo en la vida política de su país.

Alba utiliza la escritura como un proceso de autodefinición, que culmina en un texto que llega a ser la reflexión narcisista de la autora.[10] El texto de la narradora contiene el desarrollo de su identidad, trayectoria que comienza con una falta de conocimiento político y concluye con la comprensión y la praxis del acto político, travesía de conscientización social que termina haciéndose texto, espacio discursivo en el que Alba comienza como personaje y culmina, como nos enteramos en el "Epílogo," siendo la escritora de su propia biografía.[11] Por medio de la escritura, Alba no sólo descubre su propia realidad sino también la mecánica de la sociedad que habita.

En el capítulo "La hora de la verdad," Alba codifica lo que

---

[10] Ver el estudio de Judith Kegan Gardiner, "On Female Identity and Writing By Women," Writing and Sexual Difference Ed. Elizabeth Abel (Chicago: The University of Chicago Press, 1982), 177-91.

[11] A propósito del desdoblamiento entre la escritora y su personaje, Annette Kolodny sostiene que quien escribe "is, in a sense, now totally surrendered to what is quite literally her own text--or rather, her self as text. But in decoding its (or her) meaning, what she has succeeded in doing is discovering the symbolization of her own . . . reality" (1980, 459).

la gente no quería ver ni oír, desmintiendo así la historia oficial preconizada por los mecanismos discursivos del poder hegemónico. En otras palabras, el discurso de Alba no es una escritura inocente, intimista de tono privado, sino que representa una auténtica toma de posición política. Recordemos que Clara sugiere a su nieta que escriba "un testimonio" (362), y luego el abuelo le insta a escribir su "historia" (378). En el "Prólogo" a *Testimonio y literatura*, René Jara señala que el testimonio parece hallarse más cerca de la historiografía que de la literatura en el sentido de que apunta hacia hechos que han ocurrido en el pasado y cuya autenticidad puede ser sometida a pruebas de verificación. No obstante, aclara este crítico,

> si bien existe la posibilidad de comprobar el valor referencial del enunciado como registro de un acontecer que ha tenido lugar fuera del discurso, la enunciación testimonial se aleja de la enunciación histórica porque aquélla jerarquiza en el nivel más alto el valor o la dimensión política del hecho relatado y la posición explícitamente asumida por el emisor. (1)

Por medio de su texto, Alba saca a la luz el terrible secreto de su experiencia, denuncia al mundo las atrocidades cometidas en su país, las que ocurren paralelamente a la existencia apacible y ordenada de los que no quieren saber, de los que escogen ignorar la realidad (362-63). Alba nos hace conscientes de la diégesis de su novela para darnos a entender que sus experiencias ocurrieron primero y que posteriormente fueron escritas en forma de novela. Así parece sostener que el referente al que alude su texto existe independientemente del discurso que lo articula.

La metaficción, tal como la define Patricia Waugh, "is a term given to fictional writing which selfconsciously and systematically draws attention to its status as an artifact in order to pose questions about the relationship between fiction and reality" (2) Y luego añade, "[m]etafictional novels tend to be constructed on the principle of a fundamental and sustained opposition: the construction of a fictional illusion (as in traditional realism) and the laying bare of that illusion"

(6). Lo que nos interesa de esta paradoja es la intención del discurso, de que el enunciado sea percibido como un hecho históricamente real y referencialmente comprobable. Debido a la estrategia propuesta por este texto, el/la lector/a debe leer el enunciado como si fuera una cadena de eventos históricos que luego son escritos con el propósito de dejar constancia de lo sucedido. La doble extratextualidad, las referencias a personas históricas como Pablo Neruda y Salvador Allende, que son identificados en el texto como "el Poeta" y "el Candidato," y a Chile, el país de los terremotos al que se describe desde muchos aspectos pero que nunca se lo nombra, incrementan la ilusión de la historicidad de lo narrado.[12]

El texto de Alba recuenta acontecimientos "históricos" con el propósito de que dicho discurso sea consumido por la sociedad que originó la escritura. Puesto que se trata de textualizar la historia, Alba, por medio de su discurso, metafóricamente se inscribe en la historia. A estas alturas cabe la pregunta, ¿a qué historia se inscribe Alba? La pregunta es legítima ya que, como sostiene Foucault, la historia es el resultado de la lucha por el poder, o sea que la historia representa el discurso del poder hegemónico. Alba entra en la historia falogocéntrica no para engrosar sus filas sino para subvertir el concepto mismo de historia. Su texto contiene no sólo los grandes acontecimientos históricos en los que ella participa, sino también los episodios privados de hombres y mujeres, los comportamientos personales que se repiten en mayor escala durante la conjugación de los grandes eventos sociales.

Principalmente, Alba textualiza la historia de la mujer y su lucha contra el poder hegemónico falogocéntrico, historia que incluye las tristes vidas de obreras pobres explotadas, campesinas violadas, mujeres sofocadas dentro de la geografía doméstica, así como la historia de mujeres de valerosos espíritus (377), cuyos actos heroicos se parecen a los de la narradora

___

[12] En el sexto capítulo de su libro *Narrative Magic in the Fiction of Isabel Allende*, Patricia Hart afirma que a los dos personajes mencioandos en el texto habría que añadir el de "el Cantante", que correspondería a Pedro Tercero García, cuyo referente histórico es Víctor Jara, el cantante de protesta social chileno (98-110).

ya que todos los casos de lucha contra la opresión son prácticamente iguales (375). En su texto, Alba considera las relaciones entre los géneros y las actividades de la mujer como
parte de la "historia," ya que cada relación es politizada y
como tal es examinada como parte integral del orden público, espacio que antes estaba íntegramente asociado con la
economía falogocéntrica. En este sentido, el discurso de Alba
subvierte la esencia de la historia propia, la que ya no es un
sistema monolítico sino un espacio en el que resuena una
pluralidad de voces. La nueva historia de la mujer se funda
en el principio que la ideología hegemónica y el poder no
son sistemas estables, sino estructuras divididas por presiones
internas, sujetas a revisiones y por lo tanto susceptibles al
cambio (Newton 103-04). Al rescatar las experiencias de las
mujeres que aparecen en su texto, Alba no sólo logra que
otros vean a la mujer en la historia, sino que intenta crear un
nuevo ambiente conceptual que permita a la mujer conside-
rarse como parte de la historia (Newton 92). En gran medida,
el texto que leemos codifica la historia de las vidas de estas
mujeres, quienes empiezan su travesía desde una posición
marginal para luego terminar, al menos una de ellas, en la
única (autor)idad que gobierna el texto. En otras palabras, lo
que se representa en *La casa de los espíritus* es la trayectoria
de la mujer que culmina en la adquisición del logos, sistema
discursivo que le permite posesionarse del orden Simbólico
para reordenar, reescribir la realidad, subvertir el engañoso
orden "natural."

Señalamos ya que el texto de Alba contiene el discurso de
su abuela y de su abuelo, de manera que Alba establece una
relación dialógica entre estos textos. El texto de Clara muestra la dinámica de las relaciones entre el hombre y la mujer,
que es central para nuestro entendimiento de la familia y para
comprender el funcionamiento de las instituciones sociales,
dada que la historia de la familia Trueba ilustra metonímicamente la dinámica de la sociedad, en la que el amor y el odio
juegan un papel preponderante. Por su parte, las páginas
que Esteban escribe revelan el parecer de su autor sobre la
supuesta existencia de un orden natural que polariza al hombre y a la mujer en una relación asimétrica, esquema que

priva a la mujer de sus derechos más elementales y consagra
la posición de privilegio del varón. La posición de Trueba se
halla ejemplificada en los conceptos que emite con respecto a
la campaña sufragista de su futura suegra:

> Esa señora [Nívea] está mal de la cabeza!–dice Esteban–.
> Eso sería *ir contra la naturaleza*. Si las mujeres no saben
> sumar dos más dos, menos podrán tomar un bisturí. Su fun-
> ción es la maternidad, el hogar. Al paso que van, cualquier
> día van a querer ser diputados, jueces ¡hasta Presidente de la
> República! Y mientras tanto están produciendo *una confu-
> sión y un desorden* que puede terminar en un desastre. (65,
> el énfasis es mío)

Trueba considera el orden impuesto por el hombre como
natural y cualquier desviación de lo prescrito como caótico,
como desorden.[13]
El texto contiene una serie de evidencias que tienden a co-
rroborar la idea que Esteban tiene de la inferioridad de la
mujer. Según él, el destino de la mujer es el matrimonio y
"la magia, como la religión y la cocina, era un asunto propia-
mente femenino" (124). Vale decir, que la función de la
mujer debe desenvolverse en el círculo privado, dentro de los
confines del hogar. Debido a este razonamiento, Esteban reacciona negativamente cuando el primogénito que esperaba
resulta ser mujer. Cuando Blanca nace peluda y fea, "Esteban
sufrió un escalofrío cuando la vio, convencido de que había
sido burlado por el destino y en vez del Trueba legítimo que
le prometió a su madre en el lecho de muerte, había engen-
drado un monstruo y, para colmo, de sexo femenino" (94).
La ilegitimidad que Esteban asigna a la mujer parece indicar
que a ésta le falta algo que le priva de adquirir una totalidad
ontológica. Debido a esta carencia, Esteban cree que las mu-

---

[13] Tradicionalmente el género ha sido considerado como un sistema
cuyo contenido no podía ser alterado, de manera que las categorías hombre y mujer eran percibidas como algo natural (Vance 130). Sin embargo,
cabe recordar que la naturaleza de cualquier relación refleja el sistema ideológico y cognoscitivo imperante en un tiempo y lugar, y, por lo tanto, dicha

jeres no pueden gobernarse sin la ayuda del varón, razón por la cual él no se atrevía volver al campo y dejar la casa, "donde a todas luces se necitaba la presencia de un hombre razonable entre esas mujeres histéricas" (106, el énfasis es mío). Desde su perspectiva, el personaje masculino concibe una realidad donde el orden y la razón forman parte de sus atributos, situación hegemónica que inscribe a la mujer en una posición excéntrica, devaluada, caracterizada por la histeria. Esteban prescribe el rigor--"¡mano dura es lo que hace falta . . ." (65) --para las que intenten cambiar el orden prevalente.

La oposición binaria superior/inferior que describe la relación hombre/mujer, según Esteban, es también aplicable a su relación con miembros de las clases sociales inferiores. Por ello Esteban rechaza la idea de que los campesinos sean sus iguales: "Sería lindo que fuéramos todos iguales, pero no lo somos" dice (63). Secundado por un sistema ideológico injusto que lo privilegia, Esteban explota económicamente a sus colonos, a la vez que viola a las jóvenes campesinas y hasta mata a los que se quejan, crímenes por los que no es castigado aunque la justicia sabe de sus fechorías (62). "Con estos pobres diablos hay que tener mano dura--dice refiriéndose a los campesinos--es el único lenguaje que entienden" (63). Se trata de una forma de estrategia que es también utilizada en el hogar. Cuando las cosas no salen como él quiere, Esteban recurre a la violencia, blande su bastón, rompe vajillas, amenaza o se sale dando un portazo. Por ejemplo, al descubrir los amoríos de Blanca con Pedro Tercero García, Trueba jura castrarlo por haberse acostado con su hija. "Pedro Tercero García no ha hecho nada que no hayas hecho tú--dijo Clara, cuando pudo interrumpirlo--. Tú también te has acostado con mujeres solteras que no son de tu clase. La diferencia es que él lo ha hecho por amor. Y Blanca también" (179). En estas circunstancias, Esteban pierde el control y descarga un puñetazo en la cara de su mujer, tirándola contra la pared. Lo que equivale a decir que la violencia que Esteban ejerce en su hogar o en el campo difiere sólo de grado y no esencialmente.

En los capítulos anteriores hemos tratado de demostrar

que el comportamiento de los personajes masculinos está dictaminado por el sistema patriarcal, por el falogocentrismo, por la Ley del Padre, discursos que fabrican una realidad que confiere al varón una posición hegemónica. Sin embargo, esta realidad no se funda necesariamente en verdades ontológicas, sino en el subjetivismo de creaciones discursivas diseñadas para legitimar el bienestar de los que ejercen el poder.[14] La "verdad" del orden natural proclamada por Esteban es en parte internalizada por las víctimas del sistema opresivo. Por ejemplo, Pedro Segundo García no pensó nunca que su hijo violara la prohibición de jamás poner pies en la hacienda para ver a la hija del patrón, "porque esa posibilidad no estaba en *el orden natural del mundo*" (156, el énfasis es mío).

De la misma manera, cuando Esteban viola a Pancha García, ella

"no se defendió, no se quejó, no cerró los ojos. Se quedó de espaldas, mirando el cielo con expresión despavorida, hasta que sintió que *el hombre* se desplomaba con un gemido a su lado. Entonces empezó a llorar suavemente. Antes que ella su madre, y antes que su madre su abuela, habían sufrido *el mismo destino* de perra" (57-8; el énfasis es mío).

A través de las generaciones, se institucionaliza un crimen como el derecho del patrón a vejar a la mujer de las clases sociales más bajas. Los campesinos sufren resignados e impotentes esta situación, por lo que cuando Pancha regresa a su casa en un visible estado de preñez, "sus padres . . . no le

---

[14] Foucault concluye que, lo que él llama "the political economy of truth," está caracterizada por cinco rasgos importantes: "'Truth' is centered on the form of scientific discourse and the institutions which produce it; it is subject to constant economic and political incitement (the demand for truth, as much for economic production as for political power); it is the object, under diverse forms, of immense diffusion and consumption (circulating through apparatuses of education and information whose extent is relatively broad in the social body, not withstanding certain strict limitations); it is produced and transmitted under the control, dominant if not exclusive, of a few great political and economic apparatuses (university, army, writing, media); lastly, it is the issue of a whole political debate and social confrontation ('ideological' struggles)" (131-32)

hicieron preguntas" (61). Sin embargo, tal sistema de desigualdades entre los sexos, las clases sociales y las razas suscita el odio de las víctimas (62).

Los actos de Esteban son de índole colonialista, puesto que a cambio de su empresa "civilizadora" (58-9), él se recompensa con la explotación de los productos naturales de la región (JanMohamed 62). Dice la voz narrativa que durante diez años Esteban Trueba labró "su prestigio de rajadiablos, sembrando la región de bastardos, cosechando el odio y almacenando culpas que no le hacían mella, porque se le había curtido el alma y acallado la conciencia con el pretexto del progreso" (62). Para conservar su hegemonía, Esteban impone su condición de patrón, condición que lo faculta para disponer de su propiedad y de sus habitantes según su voluntad, al mismo tiempo que no permite que otros llenen la cabeza de sus colonos "con ideas inapropiadas *a su estado y condición* (59, el énfasis es mío).

Mas para Esteban, él ha sido un buen patrón: "nadie me va a quitar de la cabeza la idea de que he sido un buen patrón. (…) Yo era como un padre para ellos" (53), dice. Este personaje cimienta su posición privilegiada en la metonimia padre/patrón, estados que le confieren autoridad según las prescripciones de la Ley del Padre, sistema de significación que también es puesta en práctica en los círculos públicos, donde Esteban ocupa el cargo de senador. Es decir, como funcionario público coadyuvaba a imponer un sistema de gobierno opresivo. En otras palabras, tanto a nivel privado como público, las prácticas coercitivas del poder son idénticas.

Para establecer la continuidad que existe entre el gobierno del microcosmos familiar y el macrocosmos social, conviene seguir los pasos de Esteban, quien se inicia en la política para defender los intereses de la Patria y del Partido Conservador (199). Con el tiempo, dice la voz narrativa, el Senador Trueba "pasó a ser una especie de loco reaccionario y oligarca, muy pintoresco (…) Era fanático, violento y anticuado, pero representaba mejor que nadie los valores de la familia, la tradición, la propiedad y el orden" (272-73). Ya dejamos establecido que los valores que Esteban defiende oprimen a la mujer y a los miembros de las clases sociales bajas. Al luchar por perpetuar el orden establecido, él no sólo se opone a toda forma de cambio, sino que trata de mantener un sistema de injustas asimetrías.

Las relaciones privadas y públicas de Esteban están modeladas de acuerdo al sistema de retornos, economía que Cixous llama "el reino de lo propio" (1981, 50). Etimológicamente "lo propio" significa propiedad, lo que no puede separarse de uno. En la sociedad, el hombre siente miedo de verse expropiado, privado de su propiedad. La historia de la humanidad es una consecuencia del temor del hombre a separarse de la cosa poseída, del miedo de perder sus prerrogativas y privilegios. Las guerras y los conflictos se fundan en el principio de que todo debe ser devuelto al hombre (50).

Como patrón, Esteban dispone de la suerte de los campesinos de su hacienda como si fueran su propiedad. Es más, el patrón no sólo se apropia del trabajo del campesino, sino que dicha economía se extiende al plano doméstico, espacio en el que como padre "compra" un marido para Blanca, para así restituir a la descarriada al orden establecido (190-91). Sólo Clara escapa de ser una posesión del marido: éste se da cuenta de que "Clara no le *pertenecía* (...) [razón por la cual él] deseaba mucho más que su cuerpo, quería *apoderarse* de esa materia imprecisa y luminosa que había en su interior y que se le escapaba aun en los momentos en que ella parecía agonizar de placer" (90, el énfasis es mío).

El sistema de retornos también juega un papel determinante en los vaivenes de la política. Por ejemplo, cuando los miembros del Partido Conservador pierden el poder, luchan por recobrar lo que ellos consideran parte de su propiedad. Cuando recuperan el poder por medio de un golpe de estado, Esteban Trueba se manifiesta en términos de la economía de los retornos: "¡Ahora las van a *pagar*!" (328, el énfasis es mío), exclama amenazando a los del partido opositor. El sistema de retornos tiene una importancia preponderante en el desarrollo de esta novela ya que agrava la suerte de Alba cuando ésta cae en las garras de Esteban García, el nieto ilegítimo al que se ha excluido de los bienes del abuelo.

Este niño, hijo de Pancha García, la campesina violada

por Esteban, se presenta años más tarde en la oficina de Esteban, su abuelo, y mientras espera al patrón, recorre con la vista la habitación "rumiando el rencor de que todo aquello *podía haber sido suyo,* si hubiera nacido de origen legítimo" (252, el énfasis es mío). Cuando Alba es hecha prisionera por sus actividades políticas, comparece ante Esteban García, quien irónicamente había sido recomendado por Trueba para ser admitido en la Escuela de Carabineros. Alba se da cuenta de que en las sesiones de torturas Esteban García "no estaba tratando de averiguar el paradero de Miguel, sino *vengándose* de agravios que le habían infligido desde su nacimiento" (360, el énfasis es mío). Sus motivos no son diferentes de los de Esteban, quien después del golpe regresa a su antigua hacienda con una docena de matones a sueldo "para *vengarse* a sus anchas de los campesinos que se habían atrevido a desafiarlo y a quitarle *lo suyo*" (340, el énfasis es mío). Ambos quieren *cobrarse* por haber sido separados de lo que les pertenece. A causa de este determinismo, escribe Alba, Esteban García no es más que "otro eslabón en una cadena de hechos que debían cumplirse (...) en una historia inacabable de dolor, [odio y] sangre (...)" (379), sufrimientos que son las consecuencias de la economía de los retornos.

Después del golpe, Esteban Trueba se da cuenta de que los militares pretendían *quedarse* con el poder que debían *devolver* a los políticos de derecha. En estos momentos, por primera vez en su vida Esteban admite haberse equivocado y llega a la conclusión de que la economía de los retornos sólo conduce a la violencia, a la destrucción y a la muerte. "Hundido en su poltrona, como un anciano acabado, [Blanca y Alba] lo vieron llorar calladamente. No lloraba por la pérdida del poder. Estaba llorando por su patria", anota la voz narrativa (343, el énfasis es mío).

Para limitar las consecuencias negativas de este contenido escritural, según Sharon Magnarelli, el texto de Alba enmarca el discurso de Esteban, lo aisla, para subvertir simbólicamente en la praxis la relación que existe entre el poder patriarcal y el discurso (1990, 43). Una vez realizada esta tarea, el discurso de Alba puede cumplir con su función copulativa de estrechar los lazos de unión entre los que se hallan separados, conjunción que se logra en base al amor.

Al enfrentar dialógicamente el discurso de Clara y el de Esteban, la narradora establece en su texto un sistema de balanzas con en el que sopesa las consecuencias del falogocentrismo y del ginocentrismo. En otras palabras, el texto de Alba cumple la función de metacomentario de los textos de sus abuelos. En su narración, Alba describe con bastante detalle la violencia/violación, la tortura y el crimen que acompañan a la economía de los retornos, sistema que deja residuos indeseables: el odio y la sed de venganza. Sin embargo, los personajes femeninos no parecen participar de este sistema ya que su comportamiento está más destinado a unir que a fragmentar la sociedad. Baste recordar las actividades sociales de Nívea y Clara, o los amores de Blanca con Pedro García Tercero, que trascienden las artificiosas diferencias raciales y de clase social. En este sentido, el comportamiento de la mujer representa, aquí, un rechazo del sistema falogocéntrico, que se caracteriza por las relaciones asimétricas, en las que un término de la relación es explotado por otro.

Precisamente la escritura le sirve a Alba para purgarse de esas emociones negativas que se originan como consecuencia de las injustas prácticas falogocéntricas. "En la perrera escribí con el pensamiento que algún día tendría al coronel García vencido ante mí y podría vengar a todos los que tienen que ser vengados. Pero ahora dudo de mi .odio" afirma Alba (379). Esto es, por medio de la escritura la narradora trasciende la economía de los retornos, y al hacerlo, rompe el "rito inexorable" (379), el determinismo que gobierna el orden falogocéntrico.

Mientras aguarda a "que lleguen tiempos mejores" (379), Alba gesta dos grandes actos creativos: un nuevo sistema de significación capaz de reordenar la realidad y la niña que lleva en el vientre, la que de cumplir con la historia de las mujeres Trueba, adelantará aún más el triunfo del amor y la justicia sobre el odio, la explotación y la injusticia que priman en su mundo "real." [15]

Alba escribe para dejar constancia de la posición política que asume en relación al contexto social en el que le tocó vivir, *mise en abyme* que refleja la circunstancia de Isabel Allende, la autora de *La casa de los espíritus*, texto también concebido como una urgente respuesta al contexto socio-político chileno en particular y latinoamericano en general. De esta manera, la novela de Allende asimismo deviene el locus de conflictivas luchas ideológicas, característica que inserta su texto dentro de los parámetros de la nueva historicidad, o dentro de aquel discurso que

> strives to move beyond both deconstruction and naive empiricism by introducing a materialist dimension into a theoretically selfconscious criticism. No longer are texts presumed to be either ideologically neutral territory or places where ideology inevitably deconstructs itself; rather, a text is a site of ideological struggle, deeply implicated in its own historical moment and in the competing ideological present in the culture in which it was produced. (Pollak 281)

La casa de los espíritus, entonces, no es un texto inocente que queda atrapado dentro de la circularidad de su estructura, sino que es un texto que se historiza al dialogar con su lector sobre las prácticas sociales de nuestro tiempo.

En "Hacia el establecimiento de una poética realista," Mar-

---

[15] Por lo anotado anteriormente, discrepamos con las conclusiones de Gabriela Mora, quien sostiene que "[e]l hecho de que sea Alba, la más educada de las Trueba, la que al final se disponga a 'esperar' a que lleguen 'tiempos mejores', es vuelco muy cercano a la pasividad resignada de otros tiempos, reforzada por una peligrosa ideología que ve el destino humano como ya escrito" (1986, 78). En un artículo posterior Mora rebaja el valor de la escritura de Alba: "la raíz ética del feminismo no se conforma con que la acción se quede en el escribir y en el esperar" (1987, 55). La profesora Mora no parece confiar en el poder de la palabra; aparentemente ella considera la escritura como un sistema pasivo, incapaz de generar cambios sociales. Tal concepto no concuerda con la crítica feminista, por ejemplo con Cixous, para quien la mujer nunca ha tenido la oportunidad de escribir y esto es lo imperdonable porque la escritura representa precisamente the very possibility of change (1976, 879).

celo Coddou sostiene que los elementos con los que se confi-
gura la ficción de Allende se organizan en un sistema de relaciones análogo al del mundo en el que vive la propia autora.
De modo

> que el producto imaginario deviene testimonio y aclaración
> de la contextualidad referencial, lo confuso del entorno pasa
> a ordenarse en el cosmos narrativo, poseedor de una gramá-
> tica en que las perspectivas que ofrece permiten–debieran
> permitir, en la intencionalidad autorial–una apreciación dife-
> renciada, múltiple y rica, de los matices que constituyen el
> mundo evocado. (1988, 108).

El estudio de Coddou sopesa la relación entre texto y la realidad en la que se produce el discurso desde una multiplicidad de ángulos teóricos, por lo que no creemos conveniente
repetirlos aquí. Sólo nos queda remitir a los lectores a las numerosas entrevistas de Allende, en las que se refiere a su in-
tencionalidad discursiva, a que su obra de ficción no es más
que la elaboración artística de lo que le tocó vivir.

Para escribir su novela, Allende se inspira en la historia de
su familia, al punto que el personaje de Esteban está basado en
su patriarcal abuelo y Clara en la figura de su abuela, que era
"una mujer luminosa, extravagante, espiritual, pero se fastidia-
ba con las pequeñas inconveniencias de la vida diaria," le dice
a Marjorie Agosín en una entrevista (1986, 91). De manera que
el texto de Allende también nos ofrece lo que Mary Jacobus
llama, "the difference of view" como una forma de reescritura,
o el pensar a través de la madre, acto que viene a ser simultáneamente una recuperación y revisión (20-1). La escritura de
Allende, pues, vuelve los ojos al pasado para recuperar la perdida tradición de la mujer y así historizarla para fundar un futuro más equitativo. Isabel Allende está muy consciente de que
la palabra es "un arma muy poderosa," la cual utiliza para convertirse en una "voz que habla por los que sufren y callan en
nuestra tierra. Mi trabajo deja de ser solitario y se convierte en
un aporte al esfuerzo común por la causa de la libertad, la justicia y la fraternidad, en la cual creo" (Allende 1985, 451), posición que coincide con la intención de Alba al escribir su texto.

EPILOGO

Los textos que hemos analizado se caracterizan por tener referentes fuertemente enraizados en la realidad. En este sentido, la trayectoria seguida por el personaje femenino para llegar a lo Simbólico con el propósito de inscribir su presencia en la historia, captura metafóricamente las vicisitudes por las que tuvo que pasar la mujer de carne y hueso para tener acceso al poder creativo de la palabra. Como hemos dejado constancia, este tortuoso camino se cobra muchas víctimas. De los cinco personajes femeninos estudiados, Celina muere víctima de una enfermedad psicosomática, estado alienante producido por las exigencias de una sociedad patriarcal. Se podría afirmar que Emelina también muere de una muerte psicológica al ser forzada a encerrarse dentro de su casa, donde quizá sufrirá de la misma locura que su madre, enajenamiento causado por la soledad. María de los Angeles muere (asesinada) por haber tratado de romper los moldes falocráticos que destinan a la mujer el rol exclusivo de esposa y madre. Laura se sustrae de la locura amnésica y tras recobrar la memoria y la cordura, entra en el orden Simbólico. Alba representa la suma de esta trayectoria escritural puesto que en su texto rescata el silencio de la mujer y la llena de significado. Las historias de las mujeres sobre las que escribe Alba, gracias a las estrategias textuales, metafóricamente están destinadas a ser leídas por el público en general. De esta manera, Alba constituye el alba de una época nueva, de una historia en la que la mujer está facultada para reescribir la sociedad en términos más equitativos.

La idea fundamental de este estudio es que se está en vías de reescribir nuestra historia de modo que incorpore la contribución de la mujer a la cultura. Queda aún mucho por rescatar, revisar, antes de que se tenga un concepto más o menos cabal de lo que es la historia de la mujer. Si tratásemos de definir los personajes estudiados en este ensayo en términos de clase, se concluiría que en su mayoría pertenecen a las clases sociales altas, ya que están emparentadas con la burguesía gubernamental, con el dinero, o forman parte de la clase burguesa venida menos. Lo que se afirma de estos personajes es también aplicable a sus autoras: Ferré y Allende provienen de familias que ocuparon cargos altos en los gobiernos de sus respectivos países; Castellanos era hija de terratenientes. Valenzuela y Campos se criaron en un ambiente de libros, y por lo tanto son herederas de la cultura europea. Las obras de estas escritoras, por consiguiente, articulan el acontecer de la clase social alta en la que se educaron. De aquí que los personajes femeninos de las clases sociales bajas ocupen un lugar periférico en estas narraciones. Notable excepción es el caso de Rosario Castellanos, la que no sólo trabajó alfabetizando a los campesinos de su querida Chiapas, sino que Catalina Díaz Puiljá, la *ilol*, protagoniza su novela neoindigenista *Oficio de tinieblas*.

Lo que tratamos de subrayar es que los cinco textos que hemos escogido para nuestro estudio ficcionalizan sólo un segmento de la realidad de la mujer hispanoamericana. En otras palabras, definir el mosaico histórico de la mujer hispanoamericana es una tarea muy compleja en la que se debe prestar especial atención no sólo al género de la persona, sino también a otros factores imprescindibles de análisis, como la clase y la raza de la mujer. En este trabajo hemos analizado mayormente a personajes femeninos de las clases altas, europeizadas por educación. Esto es, que apenas tocamos la problemática de las diferencias de clase e ignoramos completamente el problema racial. Estos y otros temas están siendo estudiados en renovados trabajos que historizan la multifacética realidad de la mujer.

Si bien queda mucho por hacer, poco a poco se va perfilando la imagen de la mujer hispanoamericana, no sólo de la que pertenece a las clases sociales altas, sino también la de las mujeres "sin historia". Baste citar las conversaciones de Elena Poniatowska con Jesusa Palancares, o la de Elizabeth Burgos-Debray con Rigoberta Menchú, o la de Moema Viezzer con Domitila Chungara, para dejar constancia del intercambio oral/escriural realizado por mujeres instruidas que pertenecen a diferentes clases sociales y a otras razas que sus interlocutoras. Dichos diálogos resultan en la codificación escritural de la otra historia, en textos como *Hasta no verte Jesús mío, Me llamo Rigoberta Menchú, Si me permiten hablar... Testimonio de Domitila, una mujer de las minas de Bolivia*.[1] Por otra parte, la convivencia de las entrevistadoras con las tres mujeres de pueblo constituye una verdadera revelación que demuestra las diferencias y similitudes que existen entre las mujeres que pertenecen a diferentes esferas socioeconómicas y raciales. Estas entrevistas no sólo comprueban la complejidad de los muchos factores que se deben tener en cuenta cuando se estudia a la mujer, pues ésta no representa a un grupo monolítico dentro de nuestra sociedad, sino que demuestran la posibilidad de un diálogo afectivo, de una "identificación femenina" con las cosas que las mujeres tienen en común "más allá de la clase y la cultura" (Fernández Olmos, 186). Estas entrevistas dejan entrever que la mujer, a nivel de base, está cambiando la forma de hacer política en Hispanoamérica[2] y como consecuencia de sus actos ellas mismas están adquiriendo una renovada conciencia del lugar marginado que ocupan y al tratar de superar este ostracismo están afectando la esencia de la sociedad.

En suma, la historia de la mujer está siendo estudiada desde diferentes ángulos y por diversas disciplinas. Dichos estudios, en el caso de la literatura, están cambiado el canon, están proveyendo una renovada forma de lectura. Siguiendo esta praxis, el presente trabajo tuvo como propósito contribuir

---

[1] Sobre este particular ver mi estudio, "La conciencia de sí como arma política en Si me permiten hablar... Testimonio de Domitila".

[2] Este es uno de los temas prevalentes que aparece una y otra vez en los diferentes artículos del libro de Eizabeth Jelin, Women and Social Change in Latin America.

a la reescritura de nuestra historia, puesto que en esta empresa de renovación cultural tanto el hombre como la mujer tienen un interés común.

BIBLIOGRAFIA

AGOSÍN, MARJORIE "Rosario Castellanos ante el espejo". *Cuadernos Americanos* 2.253 (1984): 219-26.

AGOSÍN, MARJORIE *Silencio e imaginación. Metáforas de la escritura femenina*. México, D.F.; Editorial Katún, 1986.

ALLENDE, ISABEL. *La casa de los espíritus*. Barcelona: Plaza & Janés, 1982.

ALLENDE, ISABEL. *"La magia de la palabra"* (1985): 447-52

ALTER, ROBERT. *Partial Magic. The Novel as a Self-Conscious Genre*. Berkeley, Los Angeles: University of California Press, 1975.

ANDERSON, HELENE M. "Rosario Castellanos and the Structures of Power". *Contemporary Women Authors of Latin America*. Eds. Doris Meyer y Margarita Fernández Olmos. New York: Brooklin College Press, 1983. 22-32.

ARAUJO, HELENA. "Narrativa femenina latinoamericana". *Hispamérica* 32 (1982): 23-34.

ARIZPE, LOURDES. "Interview with Carmen Naranjo: Women and Latin American Literature". *Signs* 5.1 (1979): 98-110.

AUSTIN, J. L. *How to Do Things with Words*. Cambridge, Massachusetts: Harvard University Press, 1975.

BAL, MIEKE. *Narratology. Introduction to the Theory of Narrative*. Trad. Christine van Boheemen. Toronto, Canadá: University of Toronto Press, 1985.

BARTHES, ROLAND. *S/Z*. Trad. Richard Miller. New York: Hill and Wang, 1974.

BEAUVOIR, SIMONE DE. *The Second Sex*. Trad. H.M. Parshley. New York: Alfred A. Knopf, 1953.

BEN-AMOS, DAN. "Forward". *The German Legends of the Brothers Grimm*. Trad. Donald Ward. 2 vols. Philadelphia: Institute for the Study of Human Issues, 1981.

BENJAMIN, JESSICA. "The Bonds of Love: Rational Violence and Erotic Domination". *Feminist Studies* 6.1 (1980): 144-74.

BERTENS, HANS. "The Postmodern *Weltanschauung* And Its Relation With Modernism: An Introductory Survey". *Approaching Postmodernism. Papers Presented at a Work-*

shop on Postmodernism. Ed. Douwe Fokkema & Hans Bertens. Amsterdam, Philadelphia: John Benjamins Publishing Company, 1986. 9-51.

BETTELHEIM, BRUNO. *The Uses of Enchantmen. The Meaning and Importance of Fairy Tales*. New Work: Knopf, 1976.

BOOTH, WAYNE C. *The Rhetoric of Fiction*. Chicago: The University of Chicago Press, 1961.

CAMPOS, JULIETA. "De gatos y otros mundos". *Celina o los gatos*. México D.F.: Siglo Veintinuno Editores, 1968. XI-XXVII. *Celina o los gatos. Celina o los gatos*. México D.F.: Siglo Veintiuno Editores, 1968. 3-34.

CAMPOS, RENÉ. "*La casa de los espíritus*. Mirada, espacio, discurso de la otra historia". *Los libros tienen sus propios espíritus*. Ed. Marcelo Coddou. Xalapa, México: Universidad Veracruzana, 1986. 21-8.

CASTELLANOS, ROSARIO. *Los convidados de agosto. Los convidados de agosto*. México, D.F.: Ediciones Era, 1964. 57-95.

———— "La novela mexicana contemporánea y su valor testimonial". *Hispania 47.2* (1964): 223-30.

———— *Poesía no eres tú*. México: Fondo de Cultura Económica, 1972.

———— "La mujer y su imagen". *Mujer que sabe latín...* México: Sepsetentas, 1973. 7-21.

CAWS, MARY ANN. *Reading Frames in Modern Fiction*. Princeton, New Jersey: Princeton University Press, 1985.

CIXOUS, HÉLÈNE. "The Laugh of the Medusa". Trad. Keith Cohen y Paula Cohen. *Signs* 1.4 (1976): 875-93.

———— "Castration or Decapitation". Trad. Annette Kuhn. *Signs* 7.1 (1981): 41-55.

CODDOU, MARCELO. ed. *Los libros tienen sus propios espíritus*. Xalapa, México: Universidad Veracruzana, 1986.

———— *Para leer a Isabel Allende. Introducción a "La casa de los espíritus"*. Concepción, Chile: Ediciones LAR, 1988.

CULLER, JONATHAN.. *Ferdinand de Saussure*. Ithaca, New York: Cornell University Press, 1986.

CHAMPAGNE, ROLAND A. "A Grammar of the Languages of Culture: Literary Theory and Yury M. Lotman's Semiotics". *New Literary History* 9.1 (1977): 205-10.

CHATMAN, SEYMOUR. *Story and Discourse. Narrative Structure in Fic-*

tion and Film. Ithaca, New York: Cornell University Press, 1978.

DALY, MARY. *Beyond God the Father: Toward a Philosophy of Women's Liberation.* Boston: Beacon Press, 1973.

——— *Gyn/Ecology. The Metaethics of Radical Feminism.* Boston: Beacon Press, 1978.

DAVIS, LISA E. "La puertorriqueña dócil y rebelde en los cuentos de Rosario Ferré". *Sin Nombre* 9.4 (1979): 82-88.

DELIBES, LEO. *Coppelia.* Trad. del francés por Charles Mittier y A. Saint-Leon. New York: F. Rullman, 1911.

DONOVAN, JOSEPHINE. "Afterword Critical Re-Vision". *Feminist Literary Criticism: Explorations in Theory.* Ed. Josephine Donovan. Lexington, Kentucky: University Press of Kentucky, 1975. 74-81.

——— "Feminist Style Criticism". *Images of Women in Fiction. Feminist Perspectives.* Ed. Susan Koppelman Cornillon. Bowling Green, Ohio: Bowling Green University Popular Press, 1972. 341-54.

ELSHTAIN, JEAN BETHKE. "Feminist Discourse and Its Discontent: Language, Power, and Meaning". *Signs.* 7.3 (1982): 603-21.

ERMARTH, ELIZABETH. "Fictional Consensus and Female Casualties". *The Representation of Women in Fiction.* Eds. e "Introduction" por Carolyn G. Heilbrun y Margaret R. Higonnet. Baltimore y London: The Johns Hopking University Press, 1983. 1-18.

FEDER, LILLIAN. *Madness in Literature.* Princeton, New Jersey: Princeton University Press, 1980.

FELMAN, SHOSHANA. "Women and Madness: The Critical Phallacy". *Diacritics* 5.4 (1975): 2-10.

——— *Writing and Madness.* Trans. Martha Noel Evans y la autora en colaboración con Brian Massuni. Ithaca, New York: Cornell University Press, 1985.

FERNÁNDEZ OLMOS, MARGARITA."Latin American Testimonial Narrative, or Women and the Art of Listening". *Revista Canadiense de Estudios Hispánicos* 13.2 (1989): 183-95.

FERRÉ, ROSARIO. *La bella durmiente. Papeles de Pandora.* México: Joaquín Mortiz, 1976. 144-186.

——— "El cuento de hadas". *Sin Nombre* 11.2 (1980): 36-40.

——— "La cocina de la escritura". *Literatures in Transition:*

The Many Voices of the Caribbean Area. Ed. Rose S. Minc. Gaithersburg, Maryland: Ediciones Hispamérica, 1982. 37-51.

FISCAL, ROSA MARÍA. "La mujer en la narrativa de Rosario Castellanos". *Texto Crítico* 15.5 (1979): 133-53.

FLAX, JANE. "Postmodernism and Gender Relations in Feminist Theory". *Signs* 12.4 (1987): 621-43.

FOUCAULT, MICHEL. *The Archeology of Knowledge*. Trad. A.M. Sheridan Smith. New York: Pantheon Books, 1972.

——————— *Power/Knowledge. Selected Interviews and Other Writings. 1972-1977*. Ed. Colin Gordon. New York: Pantheon Books, 1980.

FREUD, SIGMUND. *The Standard Edition of the Complete Psychological Works of Sigmund Freud*. Ed. y trad. James Strachey. 24 Vols. London: The Hogarth Press, 1953.

FRYE, NORTHROP. *Anatomy of Criticism*. New York: Atheneum, 1967.

GAUTIER, THÉOPHILE. *Giselle. A Role for a Lifetime*. Adaptada por Violette Verdi. New York y Basel: Marcel Dekker, 1977.

GENETTE, GÉRARD. *Narrative Discourse. An Essay in Method*. Trad. Jane E. Lewin. Ithaca, New York: Cornell University Press, 1980.

GILBERT, SANDRA M. Y SUSAN GUBAR. *The Madwoman in the Attic. The Woman Writer and the Nineteenth-Century Literary Imagination*. New Haven y London: Yale University Press, 1979.

——————— "Sexual Linguistics: Gender, Language, Sexuality". *New Literary History* 16.3 (1985): 515-43.

GLANTZ, MARGO. "Entre lutos y gatos: José Agustín y Julieta Campos". *Repeticiones. Ensayos sobre literatura mexicana*. Xalapa: Universidad Veracruzana, 1978. 70-74.

GONZÁLEZ, ALFONSO. "La soledad y los patrones del dominio en la cuentística de Rosario Castellanos". *Homenaje a Rosario Castellanos*. Eds. Maureen Ahern y Mary Seale Vázquez. Valencia, España: Albatros Hispanofila, 1980. 107-13.

GRIFFIN WOLFF, CYNTHIA. "A Mirror for Men: Stereotypes of Women in Literature". *Woman. An Issue*. Eds. Lee R. Edwards, Mary Heath y Lisa Baskin. Boston, Toronto: Little, Brown, 1972. 205-18.

GRIMM, JACOB. "Little Briar-Rose". *The Complete Grimm's Fairy Tales*. Trad. Margaret Hunt. New York: Pantheon Books, 1972. 237-41.

GUERRA-CUNNINGHAM, LUCÍA. *La narrativa de María Luisa Bombal: Una visión de la existencia femenina*. Madrid: Editorial Playor, 1980.

"Rites of Passage: Latin American Women Writers Today". *Splintering Darkness: Latin American Women Writers in Search of Themselves*. Ed. e Intro. Lucía Guerra-Cunningham. Pittsburgh, Pennsylvania: Latin American Literary Review Press, 1990. 5-16.

HART, PATRICIA. *Narrative Magic in the Fiction of Isabel Allende*. London y Toronto: Associated University Presses, 1989.

HEILBRUN, CAROLYN y CATHARINE STIMPSON. "Theories of Feminist Criticism: A Dialogue". *Feminist Literary Criticism: Explorations in Theory*. Ed. Josephine Donovan. Lexington: University Press of Kentucky, 1975. 61-73.

HITE, MOLLY. "Writing–and Reading– the Body: Female Sexuality and Recent Feminist Fiction". *Feminist Studies* 14. 1 (1988): 121-42.

HOLLY, MARCIA. "Consciousness and Authenticity: Toward a Feminist Aesthetic". *Feminist Literary Criticism. Explorations in Theory*. Ed. Josephine Donovan. Lexington, Kentucky: The University Press of Kentucky, 1975. 38-47.

HOMANS, MARGARET. "'Her Very Own Howl': The Ambiguities of Representation in Recent Women's Fiction". *Signs* 9.2 (1983): 186-205.

HUTCHEON, LINDA. *Narcissistic Narrative. The Metafictional Paradox*. Waterloo, Ontario: Wilfrid Laurier University Press, 1980.

————— *A Theory of Parody. The Teachings of Twentieth-Century Art Forms*. New York: Methuen, 1985.

IRIGARAY, LUCE. "When Our Lips Speak Together". Trad. Carolyn Burke. *Signs* 6.1 (1980): 69-79.

————— *This Sex Which Is Not One*. Trad. Catherine Porter y Carolyn Burke. Ithaca, New York: Cornell University Press, 1985.

JACOBUS, MARY. "The Difference of View". *Women Writing and Writing About Women*. Ed. Mary Jacobus. New York:

Harper & Row Publishers, 1979. 10-21.

JANMOHAMED, ABDUL R. "The Economy of the Manichean Allegory: The Function of Racial Difference in Colonialist Literature". *Critical Inquiry.* 12.1 (1985): 59-87.

JARA, RENÉ. "Testimonio y literatura". *Testimonio y literatura.* Ed. René Jara y Hernán Vidal. N.º 3. Minneapolis: Institute For The Study Of Ideologies And Literature, 1986. 1-6.

JELIN, ALIZABETH, ed. *Women and Social Change in Latin America.* New Jersey: Zed Books, 1990.

JONES, ANN ROSALIND. "Writing the Body: Toward an Understanding of *L'ecriture* Feminine". *Feminist Studies* 7.2 (1981): 247-63.

KOLODNY, ANNETTE. "Some Notes on Defining a 'Feminist Literary Criticism". *Critical Inquiry* 2 (1975): 75-92.

———— "A Map of Rereading: Or, Gender and the Interpretation of Literary Texts". *New Literary History* 11.3 (1980): 451-68.

———— "Dancing Through the Minefield: Some Observations on the Theory, Practice and Politics of Feminist Literary Criticism" *Feminist Studies* 6.1 (1980): 1-25.

KRISTEVA, JULIA. *Desire in Language. A Semiotic Approach to Literature and Art.* Ed. Leon S. Roudiez. Trad. Thomas Gora, Alice Jardine y Leon S. Roundiez. New York: Columbia University Press, 1980.

———— *The Kristeva Reader.* Ed. Toril Moi. New York: Columbia University Press, 1986.

LACAN, JACQUES. *Escritos.* Trad. Tomás Segovia. 2 vols. México, DF: Siglo Veintiuno Editores, 1971.

LAING, R.D. *The Divided Self. A Study of Sanity and Madness.* Chicago: Quadrangle Books, 1960.

LANDY, MARCIA. "The Silent Woman: Towards a Feminist Critique". *The Authority of Experience. Essays in Feminist Criticism.* Ed. Arlyn Diamond y Lee R. Edwards. Amherst: The University of Massachusetts Press, 1977. 16-27 y 276.

LERNER, GERDA. "Placing Women in History: Definitions and Challenges". *Feminist Studies* 3.1-2 (1975): 5-14.

LEVINE, LINDA GOULD Y GLORIA FEIMAN WALDMAN. "No más máscaras: Un diálogo entre tres escritoras del Caribe: Belkiz Cuza Malé, Matilde Daviú, Rosario Ferré". *Literatures in Transition:*

The Many Voices of the Caribbean Area. Ed. Rose S. Minc. Gaithersburg, Maryland: Ediciones Hispamérica, 1982. 189-97.

LÓPEZ JIMÉNEZ, IVETTE. *"Papeles de Pandora:* devastación y ruptura". *Sin Nombre* 14.1 (1983): 41-52.

LOTMAN, YU M. Y B.A. USPENSKY. "On the Semiotic Mechanism of Culture". *New Literary History* 9.1 (1977): 211-32.

LÜTHI, MAX. *Once Upon a Time. On the Nature of Fairy Tales.* Trad. Lee Chadeayne y Paul Gottwald. New York: Frederick Ungar, 1970.

MAGNARELLI, SHARON. *The Lost Rib.* Lewisburg, PA: Bucknell University Press, 1985.

———— *Reflections/Refractions. Reading Luisa Valenzuela.* New York: Peter Lang, 1988.

———— Framing Power in Luisa Valenzuela's *Cola de lagartija (The Lizard's Tail* and Isabel Allende's *La casa de los espíritus (The house of the Spirits)". Splintering Darkness: Latin American Women Writers in Search of Themselves.* Ed. Lucía Guerra Cunningham. Pittsburgh, Pennsylvania: Latin American Literary Review Press, 1990. 43-62.

MÉNDEZ-CLARK, RONALD. "La pasión y la marginalidad en (de) la escritura: Rosario Ferré". *La sartén por el mango. Encuentro de escritoras latinoamericanas.* Ed. Patricia Elena González y Eliana Ortega. Río Piedras, Puerto Rico: Ediciones Huracán, 1984. 119-30.

MILLER, BETH. "Rosario Castellanos' *Guests in August:* Critical Realism and the Provincial Middle Class". *Latin American Literary Review* 7.14 (1979): 5-19.

———— "Introduction. Some Theoretical Considerations". *Women in Hispanic Literature. Icons and Fallen Idols.* Ed. Beth Miller. Berkeley, Los Angeles: University of California Press, 1983. 3-25.

MOI, TORIL. *Sexual/Textual Politics: Feminist Literary Theory.* London and New York: Methuen, 1985.

MORA, GABRIELA. "Crítica feminista: Apuntes sobre definiciones y problemas". *Theory and Practice of Feminist Literary Criticism.* Eds. Gabriela Mora y Karen S. Van Hooft. Ypsilanti, Michigan: Bilingual Press/Editorial Bilingüe, 1982. 2-13.

————— "Narradoras hispanoamericanas: Vieja y nueva problemática en renovadas elaboraciones". *Theory and Practice of Feminist Literary Criticsm.* Eds. Gabriela Mora y Karen S. Van Hooft. Ypsilanti, Michigan: Bilingual Press/ Editorial Bilingüe, 1982. 156-74.

————— "Ruptura y perseverancia de estereotipos en *La casa de los espíritus*". *Los libros tienen sus propios espíritus.* Xalapa, México: Universidad Veracruzana, 1986. 71-8.

————— "Las novelas de Isabel Allende y el papel de la mujer como ciudadana". *Ideologies and Literatures.* 2.1 (1987): 53-61.

MORELLO-FROSCH, MARTA. "Other Weapons': When Metaphors Become Real". *The Review of Contemporary Fiction* 6.3 (1986): 82-7.

MULLER, JOHN P. y WILLIAM J. RICHARDSON.. *Lacan and Language: A Reader's Guide to "Ecrits".* New York: International University Press, 1982.

MUÑOZ, WILLY O. "Sexualidad y religión: Crónica de una rebeldía esperada". *Inti. Revista de Literatura Hispánica* 16-17 (1982-1983): 95-109.

————— "La conciencia de sí como arma política en Si me permiten hablar... Tetimonio de Domitila". Confluencia: revista Hispánica de Cultura y Literatura 2.2 (1987): 70-7.

————— "Las (re)escrituras en *La casa de los espíritus*". *Discurso Literario* 5.2 (1988): 433-54.

————— "Enmarcando la locura en *Los convidados de agosto*". *Hispanófila* 101 (1990): 77-86.

————— *"Los convidados de agosto:* Acercamiento a un texto posible. *Letras" Femeninas* 16. 1-2 (1990): 51-8.

————— "Mitología erótica femenina en 'Anillo de Moebius' de Julio Cortázar". *Love, Sex, and Eroticism in Contemporary Latin American Narrative.* Ed. Raffaele Lampugnani y Roy C. Boland. Madrid: Voz de Madrid. En prensa.

————— "Rosario Castellanos". *Dictionary of Literary Biography: Contemporary Latin American Fiction.* New York: Bruccoli Clarke Layman. En prensa.

NAVARRO, MARYSA. "Research on Latin American Women". *Signs* 5.1 (1979): 111-20.

NEUMANN, ERICH. *The Great Mother. The Analysis of the Archetype*. Trad. Ralph Manheim. New York: Princeton University Press, 1963.

NEWTON, JUDITH Y DEBORAH ROSENFELT. "Introduction: Toward a Materialist-Feminist Criticism". *Feminist Criticism and Social Change. Sex, Class, and Race in Literature and Culture*. Ed. Judith Newton y Deborah Rosenfelt. New York y London: Methuen, 1985. XV-XXXIX.

NEWTON, JUDITH. "History As Usual? Feminism and the 'New Historicism'". *Cultural Critique* 9 (1988): 87-121.

OCAMPO, AURORA M. "Debe haber otro modo de ser humano y libre: Rosario Castellanos". *Cuadernos Americanos* 250.2 (1983): 199-212.

PALEY FRANCESCATO, MARTHA. "Transgresión y apertura en los cuentos de Rosario Castellanos". *Homenaje a Rosario Castellanos*. Eds. Maureen Ahern y Mary Seale Vásquez. Valencia. España: Albatros Hispanófila, 1980. 115-20.

POLLAK, ELLEN. "Feminism and the New Historicism: A Tale of Difference Or the Same Old Story?". *The Eighteenth Century* 29.3 (1988): 281-86.

PRATT, ANNIS. "Archetypal Approaches to the New Feminist Criticism". *Bucknell Review* 21.1 (1973): 3-14.

Archetypal Patterns in Women's Fiction. Bloomington: Indiana University Press, 1981.

PRINCE, GERALD. "Introduction to the Study of the Narratee". *Reader-Response Criticism. From Formalism to Post-Structuralism*. Ed. Jane P. Tompkins. Baltimore: The Johns Hopkins University Press, 1980. 7-25.

REGISTER, CHERI. "American Feminist Literary Criticism: A Bibliographical Introduction". *Feminist Literary Criticism. Explorations in Theory*. Ed. Josephine Donovan. Lexington, Kentucky: The University of Kentucky Press, 1975. 1-28.

REIS, CARLOS. *Fundamentos y técnicas del análisis literario*. Trad. Angel Marcos de Dios. Madrid: Editorial Gredos, 1981.

RICH, ADRIENNE.. "When We Dead Awaken: Writing as Re-Vision". *College English* 34.1 (1972): 18-30.

On Lies, Secrets, and Silence. New York: W. W. Norton & Co. 1979.

ROJAS, MARIO A. *"La casa de los espíritus* de Isabel Allende: Un caleidoscopio de espejos desordenados". *Los libros tienen sus propios espíritus*. Ed. Marcelo Coddou. Xalapa, México: Universidad Veracruzana, 1986. 83-90.

ROSALDO, MICHELLE ZIMBALIST. *"Woman, Culture, and Society: a Theoretical overiem"*. Eds. Michelle Zimbalist Rosaldo y Louise Lamphere. Stanford, California: Stanford University Press, 1974. 17-42.

ROUDIEZ, S. LEON. Introduction. *Desire in Language* de Julia Kristeva. New York: Columbia University Press, 1980. 1-20.

RUBIO, PATRICIA. "La fragmentación: Principio ordenador en la ficción de Luisa Valenzuela". *Literatura Chilena. Creación y Crítica* 47-50 (1989): 63-71.

RUSS, JOANNA. "What Can a Heroine Do? Or Why Women Can't Write". *Images of Women in Fiction. Feminist Perspectives*. Ed. Susan Koppelman Cornillon. Bowling Green, Ohio: Bowling Green University Popular Press, 1972. 3-20.

SAID, EDWARD, W. *The World, the Text, and the Critic*. Cambridge, Massachusetts: Harvard University Press, 1983.

SCOTT, JOAN W. "Deconstructing Equality-Versus-Difference: Or, the Uses of Posttructuralist Theory for Feminism". *Feminist Studies* 14.1 (1988): 33-50.

SEFCHOVICH, SARA. Introducción y selección. *Mujeres en espejo, I. Narradoras latinoamericanas, siglo XX*. México: Folios Ediciones, 1983. 13-51.

SEGRE, CESARE. "Narrative Structures and Literary History". *Critical Inquiry* 3.2 (1976): 271-79.

SHOWALTER, ELAINE. "Towards a Feminist Poetics". *Women Writing and Writing About Women*. Ed. Mary Jacobus. New York: Harper and Row Publishers, 1979. 22-41.

——— "Feminist Criticism in the Wilderness". *Writing and Sexual Difference*. Ed. Elizabeth Abel. Chicago: The University of Chicago Press, 1982. 9-35.

SMITH-ROSENBERG, CARROLL. "The New Woman and the New History". *Feminist Studies* 3.1-2 (1975): 185-98.

STEVENS, EVELYN P. "Marianismo: La otra cara del machismo en Latinoamérica". *Hembra y macho en Latinoamérica. Ensayos*. Ed. Ann Pescatello. México: Editorial Diana, 1977. 121-34.

STEVENS, EVELYN P. Terdiman, Richard. "Structures of Initiation: On

Semiotic Education and Its Contradictions in Balzac". *Yale French Studies* 63 (1982): 198-226.

VALENZUELA, LUISA. *Cambio de armas*. Hanover, New Hampshire: Ediciones del Norte, 1982. 111-46.

————— "Mis brujas favoritas". *Theory and Practice of Feminist Literary Criticism*. Ed. Gabriela Mora y Karen S. Van Hooft. Ypsilanti, Michigan: Bilingual Press/Editorial Bilingüe, 1982. 88-95.

————— "La mala palabra". *Revista Iberoamericana* 51.132-33 (1985): 489-91.

————— Entrevista. *Women's Voices from Latin America*, Evelyn Picon . Garfield. Detroit: Wayne State University. 1985. 141-65.

————— "The Other Face of the Phallus". *Reinventing the Americas. Comparative Studies of Literature of the United States and Spanish America*. Eds. Bell Gale Chevigny y Gary Laguardia. Cambridge: Cambridge University Press, 1986. 242-48.

VANCE, CAROLE S. "Gender Systems, Ideology, and Sex Research: An Anthropological Analysis". *Feminist Studies* 6.1 (1980): 129-43.

WAELTI-WALTERS, JENNIFER. *Fairy Tales and the Female Imagination*. Montreal, Canadá: Eden Press, 1982.

WAUGH, PATRICIA. *Metafiction. The Theory and Practice of Self-Conscious Fiction*. New York: Methuen, 1984.

WELLES, MARCIA L. "The Changing Face of Woman in Latin American Fiction". *Women in Hispanic Literature. Icons and Fallen Idols*. Ed. Beth Miller. Berkeley y Los Angeles: University of California Press, 1983. 280-88.

ZIPES, JACK. *Breaking the Magic Spell. Radical Theories of Folk and Fairy Tales*. Austin: University of Texas Press, 1979.

————— *Fairy Tales and the Art of Subversion. The Classical Genre for Children and the Process of Civilization*. New York: Wildman Press, 1983.

EDITORIAL PLIEGOS

Obras publicadas

colección pliegos de ensayo

EN PREPARACIÓN